Bert Bielefeld, Isabella Skiba

Dessin Technique

Bert Bielefeld, Isabella Skiba

Dessin Technique

BIRKHÄUSER
BASEL

Table des Matières

Toute construction requiert l'exécution de plans tout d'abord sous forme de dessins de projet et de bâtiment. Les premières étapes, qui permettent de se faire une idée de la forme du projet, comprennent généralement des ébauches (esquisses, croquis ou perspectives). La matière de ce livre commence au point où la recherche d'idées est suffisamment avancée pour que le projet puisse être exprimé en plans géométriquement exacts et à l'échelle, c'est-à-dire sous forme dessins techniques. Ces dessins donnent une image concrète de l'ouvrage à réaliser en projet ou en construction et sont ainsi, par leur approfondissement du détail, une étape essentielle sur la voie qui mène au bâtiment achevé.

La collection « Basics » vise à donner des informations de manière didactique et orientée vers la pratique. Elle s'adresse notamment aux étudiants abordant un domaine technique qui ne leur est pas familier. La matière est expliquée progressivement, avec une introduction aisée à comprendre. Les principaux thèmes sont structurés de manière systématique et traités en détail dans les différents volumes. L'idée de la collection n'est pas de fournir une somme de connaissances techniques, mais d'aborder différents thèmes, de donner des explications et d'enseigner le savoir-faire nécessaire à une bonne mise en œuvre.

Le volume « Basics. Dessin technique » est destiné aux étudiants en architecture et en génie civil ainsi qu'aux futurs dessinateurs en bâtiment et dessinateurs techniques. L'expérience montre en effet que les étudiants ont souvent de la peine à acquérir les connaissances de base qu'on attend d'eux en matière de dessin de construction. La difficulté est liée à l'abondance des normes ISO qui régissent ce domaine. Le présent ouvrage fournit des éclaircissements sur les matières dont la connaissance est nécessaire et décrit la manière de les aborder. Il ne présente pas seulement des faits, mais explique aussi les processus qui amènent à leur formation et les recoupements entre les différents types de dessin de construction.

Indépendamment des réglementations de portée générale, il n'existe pas <u>une</u> manière correcte d'établir et de présenter un dessin de projet ou d'exécution. Chaque graphique porte la marque de son auteur. Ce volume entend néanmoins fournir les bases nécessaires à l'établissement des différents types de plans et de dessins, le but étant que les étudiants soient en mesure d'apprendre rapidement à donner une expression graphique à leurs projets et à leurs idées.

Bert Bielefeld, Directeur de collection

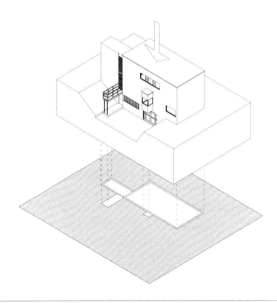

III. 1 : Principe de la vue de dessus

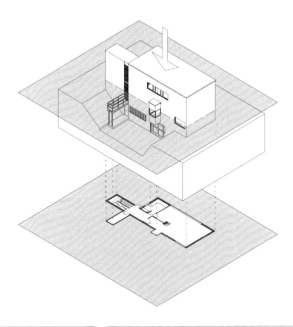

III. 2 : Principe du plan

Modes de Projection

Outre les esquisses et les perspectives libres, il existe divers modes de représentation du bâtiment. On distingue entre vue de dessus et vue de face pour l'aspect extérieur, entre plan et coupe pour la structure intérieure.

VUE DE DESSUS

Comme son nom l'indique, la vue de dessus représente le bâtiment vu d'en haut, projeté sur le plan horizontal. Elle est notamment nécessaire pour le plan de situation (ou plan-masse), qui définit la position du bâtiment sur le bien-fonds.

PLAN

On représente de la même manière un étage du bâtiment en projection orthogonale. La ligne de coupe passe à une hauteur d'environ 1,00 à 1,50 m au-dessus du plancher, pour que puissent y figurer le plus possible d'ouvertures (fenêtres, portes). En plus des cotes horizontales, on indique la hauteur des éléments de construction ayant une importance (allège de fenêtre, hauteur des ouvertures, hauteur du sol, hauteur des planchers). Pour ce faire, la ligne de coupe peut être déplacée en hauteur de manière à illustrer le plus possible de particularités du projet et de représenter par exemple les fenêtres horizontales (le décalage de la fenêtre est alors indiqué par la cote de la hauteur d'allège). Il y a deux possibilités de représentation en plan selon la direction du regard :
— La vue de dessus, utilisée pour les plans d'architecte et permettant la représentation de la structure spatiale, de la forme et de la dimension;
— Le plan inversé, est une vue de dessous, servant à la représentation des éléments qui se situent au-dessus de la ligne de coupe. C'est le mode de représentation préféré des ingénieurs structure, car il révèle les éléments porteurs dans le plafond du niveau supérieur.
> voir chap. Plans spéciaux

Les plans sont généralement désignés par l'étage qu'il représentent : plan du sous-sol, du rez-de-chaussée, du premier étage, des combles, etc. Si les étages ne peuvent pas être clairement définis dans le projet, par exemple lorsqu'il y a des dénivellations, il convient de désigner les plans d'après des niveaux définis ; par exemple plan niveau -3 : garage souterrain.

Désignation des plans

o

ÉLÉVATIONS

Les élévations représentent les faces extérieures du bâtiment avec toutes leurs ouvertures. Elles renseignent sur le rapport à l'environnement, sur la forme, sur les proportions, voire sur le mode de construction et sur les matériaux.

Les élévations sont des représentations géométrales d'une façade. Les lignes de projection étant orthogonales, les ressauts obliques ne sont pas représentés dans leur dimension réelle.

Les élévations montrent généralement les environs immédiats et le tracé du terrain, ainsi que, s'il y a lieu, le raccordement aux bâtiments contigus.

Désignation des élévations

En principe, les élévations sont désignées par leur orientation ; le nord, désigné par une flèche sur le plan-masse comme sur les autres plans permet de les distinguer. On parlera donc de l'élévation nord, sud, est ou ouest (ou nord-est, sud-ouest, etc.). Si le bâtiment n'a que deux façades visibles – comme c'est le cas pour les maisons en rangée –, les élévations peuvent être désignées en fonction de la situation sur la parcelle ou en fonction de l'endroit. Il faut alors définir deux côtés dont la dénomination soit sans équivoque : côté jardin ou cour et côté rue, par exemple. La situation des élévations doit être compréhensible pour quiconque lit les graphiques, même sans connaître les lieux.

COUPES

La coupe est une représentation du bâtiment selon une section verticale en projection orthogonale. Elle sert à fournir des informations sur la hauteur des étages, sur l'aspect de la construction et sur les matériaux utilisés.

Le tracé de la coupe doit figurer sur les plans au sol, et se caractérise par un trait mixte fort (ligne interrompue par un tiret) et l'indication du sens d'observation. Chaque coupe est désignée par des flèches et deux caractères majuscules identiques.

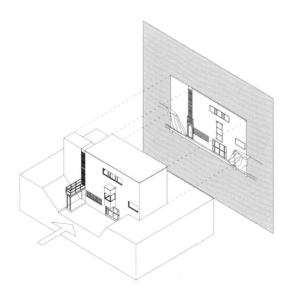

III. 3 : Principe de l'élévation

La ligne de coupe doit être choisie de manière que le dessin contienne toutes les informations importantes pour la construction, ce qui peut parfois nécessiter des changements d'axe, ce changement ne pouvant se faire qu'à angle droit et devant être indiqué sur le plan.

Plusieurs éléments importants doivent figurer sur la coupe : construction du toit, des plafonds des étages, des fondations et des parois avec leurs ouvertures, de même que les voies d'accès (escaliers, ascenseurs, rampes, etc.).

Éléments de la coupe

Les coupes tracées selon un axe principal du bâtiment sont appelées coupes longitudinales ou transversales. La coupe longitudinale traverse le bâtiment dans sa longueur, la coupe transversale dans sa largeur. S'il y a plus de deux coupes, la désignation se fait généralement par des lettres majuscules ou des chiffres. La lettre ou le chiffre étant identique aux deux extrémités de la ligne de coupe figurant sur le plan, la coupe sera appelée : coupe A–A, coupe B–B ou coupe 1–1, coupe 2–2, etc.

Désignation des coupes

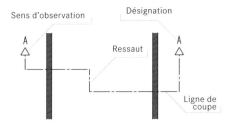

III. 4 : Ligne de coupe

REPRÉSENTATIONS EN TROIS DIMENSIONS

Axonométries

Les axonométries sont des plans ou des élévations auxquels on ajoute une troisième dimension : la profondeur. On y a en général recours durant la phase de projet pour montrer le volume du bâtiment à construire. Dans les dessins d'exécution, leur emploi est beaucoup plus rare ; il peut servir par exemple à représenter le détail de construction d'un angle.

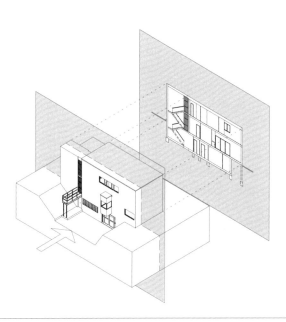

III. 5 : Principe de la coupe

À partir d'un dessin en deux dimensions, il est facile de développer des représentations en trois dimensions. On distingue plusieurs types de perspective (même si le terme est ambigu) :

— La perspective militaire : le plan, tourné de 45° et posé sur un angle, est complété verticalement par les hauteurs ;
— La perspective d'architecte : on fait également pivoter le plan sur un de ses angles, mais de 30° (ou 60°) ;
— La perspective cavalière : l'élévation ou une coupe est complétée en profondeur selon un angle de 45° afin de figurer le volume.

On peut obtenir une meilleure impression du volume en renonçant Isométrie et dimétrie à la base orthogonale. On recourt alors à l'isométrie ou à la dimétrie.

Dans l'isométrie, les deux axes du plan forment chacun un angle de 30° par rapport à l'horizontale. À partir de cette ligne horizontale, on trace la verticale de la hauteur. L'isométrie a l'avantage de moins déformer l'objet que les trois modes de représentation précédents, mais le dessin est plus difficile à construire.

Dans la dimétrie, la projection des axes du plan forment un angle de 7° et 42° avec l'horizontale. Il faut compter un facteur de raccourcissement de 0,5, respectivement 0,7 pour les longueurs sur les axes du plan.

Ce qui distingue les perspectives proprement dites des axonomé- Perspectives tries, isométries et dimétries, c'est que les lignes situées sur un axe ne sont pas parallèles, mais convergent vers un point de fuite. Comme les perspectives ne sont la plupart du temps pas utilisées pour le dessin d'exécution, mais juste pour les dossiers de présentation, elles relèvent du domaine de la géométrie descriptive et ne seront pas traitées plus en détail ici.

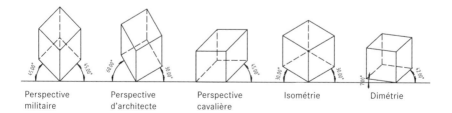

Perspective militaire — Perspective d'architecte — Perspective cavalière — Isométrie — Dimétrie

III. 6 : Axonométries, isométrie et dimétrie

Outils et Principes de Représentation

OUTILS DE DESSIN

On distingue deux méthodes de dessin de construction :

— Le dessin à la main
— Le dessin assisté par ordinateur (DAO)

Tables à dessin

Comme support pour le dessin à la main, il convient d'utiliser soit des tables à dessin spéciales équipées d'un pantographe (deux règles à angle droit maintenues dans une direction constante), soit un té vissé sur un plateau de table et actionné verticalement le long de câbles tendus. Ces deux mécanismes facilitent le dessin de lignes parallèles ou perpendiculaires.

Crayons pour le dessin à la main
■

Les dessins se font au crayon ou à l'encre de Chine. Les mines de crayon existent en plusieurs duretés : selon le degré de dureté, la ligne sera plus ou moins épaisse et plus ou moins accentuée. Une mine dure, laissant moins de graphite sur le papier, donne une ligne fine.

■

Il existe divers modèles de stylos à dessin (avec ou sans cartouche), de différentes largeurs de trait. Les largeurs décrites dans le chapitre sur les traits sont disponibles au détail dans le commerce.

Règles et équerres

Divers outils simplifient le travail de dessin : règles, rapporteurs, équerres, tés, règles triangulaires, gabarits, pistolets. Les règles, équerres et rapporteurs sont utilisés pour le dessin de dimensions géométriques.

■**Astuce:** Pour le dessin d'exécution, on a coutume d'utiliser des mines dont la dureté va de B (tendre) à 3H (très dur), en passant par F (moyen) et H. Par principe, il faudrait commencer par tracer les lignes avec une mine assez dure, pour éviter l'étalement du graphite gras.

■**Astuce:** Il existe des stylos à dessin, avec ou sans recharge, de différentes couleurs. Les modèles sans recharge sont jetable ; leur achat à l'unité est certes moins coûteux, mais ce choix n'est pas avantageux si l'on dessine beaucoup. Les stylos fins sèchent vite mais on peut dissoudre dans l'eau les pigments qui obstruent la pointe. Pour effacer un trait, on peut se servir d'une gomme spéciale pour encre de Chine. Mais le plus simple est encore de le gratter avec soin en se servant d'une lame de rasoir.

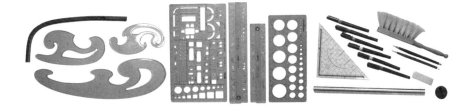

III. 7 : Outils traditionnels du dessinateur

Certaines règles présentent une graduation à l'échelle du dessin. Pour mesurer des longueurs à partir des plans, on se sert généralement de règles triangulaires portant des graduations à six échelles différentes.

Des gabarits existent pour la plupart des signes conventionnels (par exemple pour les meubles, les raccordements électriques ou les équipements sanitaires). Il en existe aussi pour les écritures techniques. Les types de gabarits sont fonction de l'échelle et de l'épaisseur du trait.

Pour le dessin à l'ordinateur (DAO), on devra être équipé d'un programme spécial, adapté au dessin de construction. Les logiciels disponibles sur le marché présentent entre eux de grandes différences de prix et de performances. La plupart des éditeurs proposent des versions pour étudiants ou écoliers.

Gabarits

Programmes de
dessin assisté
par ordinateur
●
■

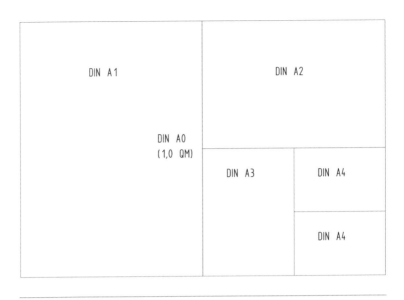

III. 8 : Rapport entre les différents formats de papier (A0 – A4)

Formats de papier

FORMATS ET TYPES DE PAPIER

Les normes DIN 476 / ISO 216 définissent divers formats de papier dont les côtés ont toujours un rapport de 1:√2, ce qui permet de réduire une grande feuille au format inférieur sans fractions.

Il existe plusieurs séries dans les normes DIN ou ISO. Pour les plans, on utilise en général la série DIN-A ou ISO-A.

Le massicotage et le pliage occasionnant des pertes, on distingue entre format non coupé et format coupé. Il existe aussi sur le marché d'autres indications de format comme DIN A3 Plus, mais ce sont des produits non standardisés des fabricants d'imprimantes.

Tab. 1 : Formats ISO/DIN A-E (mm x mm)

	A–	B–	C–	D–	E–
2-0	1189 ×1682	1414 ×2000			
-0	841 ×1189	1000 ×1414	917 ×1297	771 ×1091	800 ×1120
-1	594 × 841	707 ×1000	648 × 917	545 × 771	560 × 800
-2	420 × 594	500 × 707	458 × 648	385 × 545	400 × 560
-3	297 × 420	353 × 500	324 × 458	272 × 385	280 × 400
-4	210 × 297	250 × 353	229 × 324	192 × 272	200 × 280

Tab. 2 : Formats Ax non coupés et coupés (mm x mm)

DIN	non coupé	coupé	marge
2-A0	1230 × 1720	1189 × 1682	10
A0	880 × 1230	841 × 1189	10
A1	625 × 880	594 × 841	10
A2	450 × 625	420 × 594	10
A3	330 × 450	297 × 420	5
A4	240 × 330	210 × 297	5

Les formats décrits aux tableaux 1 et 2 sont connus et utilisés dans la plupart des pays. Il y a toutefois en Amérique du Nord des formats basés sur le pouce (inch) et répondant aux normes ANSI.

Tab. 3 : Formats de papier ANSI (in × in | mm × mm)

série	ingénieurs	architectes	ingénieurs	architectes
A	8½ × 11	9 × 12	216 × 279	229 × 305
B	11 × 17	12 × 18	279 × 432	305 × 457
C	17 × 22	18 × 24	432 × 559	457 × 610
D	22 × 34	24 × 36	559 × 864	610 × 914
E	34 × 44	36 × 48	864 × 1118	914 × 1219
F	44 × 68		1118 × 1727	

Les papiers diffèrent par leur format, mais aussi par leur nature. Pour le dessin à la main, on utilise en général du papier transparent (papier-calque), qui permet de dessiner par transparence d'après un autre dessin. Cela facilite considérablement l'établissement des plans (par exemple étages supérieurs, coupes). En outre, il est facile de le copier en plusieurs exemplaires par procédé héliographique.

Pour les relevés, on utilise souvent du film à dessin qui ne se déforme pas, même par des températures élevées. Ainsi, les mesures restent exactes, même longtemps après le relevé.

Types de papier

Pour les dessins techniques réalisés à l'aide de l'ordinateur, on utilise le plus souvent du papier ordinaire en rouleau ou en feuilles séparées. Pour les dessins de présentation, les papiers couchés ou les papiers photographiques ou glacés ont une surface plus élégante et font un meilleur effet.

ÉCHELLES

Chacun des types de plan décrits dans le chapitre sur les modes de projection constitue une réduction. L'échelle est la proportion entre l'objet réel et sa représentation. Elle doit être indiquée sur le plan au moyen de l'abréviation « éch. » suivie des chiffres séparés par un double point, par exemple : éch. 1:10.

Définition L'échelle exprime le rapport entre la dimension d'un élément sur le dessin et sa dimension dans la réalité. Il y a trois sortes d'échelle :

— L'échelle grandeur nature (éch. 1:1)
— L'échelle d'agrandissement (éch. x:1), où l'élément est dessiné x fois plus grand que sa dimension réelle
— L'échelle de réduction (éch. 1:x), où l'élément est dessiné x fois plus petit que sa dimension réelle.

Ainsi, par exemple, un mur dessiné à l'échelle 1:100 est cent fois plus petit que l'original.

Échelles usuelles Dans le dessin d'exécution, on utilise presque exclusivement des échelles de réduction, parce que l'objet à représenter est le plus souvent plus grand que le papier. Si, dans le projet, on doit représenter des détails avec précision, on choisit une réduction moindre, de sorte que l'objet est dessiné plus grand.

Les échelles usuelles sont 1:500 (voire 1:1000) pour les plans de situation et les élévations sommaires, 1:200 ou 1:100 pour les dessins de projet ; pour les plans d'exécution, l'échelle peut être 1:50, 1:25, 1:20, 1:10, 1:5, 1:2 ou 1:1. > voir chap. Les différents Plans

Transposition Soit un mur long de 5,50 m à dessiner à l'échelle 1:50. La longueur
■ doit être divisée par le facteur de réduction, ce qui donne : 5,50 m/50 = 0,11 m (soit 11 cm).

Le calcul est un peu plus difficile lorsqu'il s'agit de transposer à une autre échelle un objet qui est déjà représenté à une échelle réduite. Soit une porte dont la longueur dessinée à l'échelle 1:20 est de 5 cm et qu'il faut transposer à l'échelle 1:50. Il faut alors diviser entre eux les deux rapports d'échelle : (5 cm x 20) / 50 = 5 cm / facteur 2,5 = 2 cm.

■ Astuce: Pour transposer des dimensions originales aux échelles usuelles du dessin de construction, mieux vaut utiliser la règle triangulaire > voir ill. 7 ou de calculer les longueurs à l'échelle de la manière suivante :

- Éch. 1:10, 1:100, 1:1000 - déplacer la virgule d'autant de décimales qu'il y a de zéros, ou convertir les m en cm pour l'échelle 1:100, ou en mm pour l'échelle 1:1000
- Éch. 1:20, 1:200 – déplacer la virgule comme ci-dessus puis diviser le résultat par 2 (1 m sur l'original donne à l'échelle 1:200 0,5 cm)
- Éch. 1:5, 1:50, 1:500 - déplacer la virgule comme ci-dessus mais d'une décimale supplémentaire, puis multiplier le résultat par 2 (1 m sur l'original donne à l'échelle 1:50 2 cm)

Les programmes de DAO simplifient le calcul des échelles. Les données du bâtiment sont généralement introduites à l'échelle 1:1, ce qui signifie qu'un mur long de 5,50 m sera saisi avec cette mesure. On définit ensuite une échelle de référence, qui donne celle à laquelle le dessin doit être édité ou imprimé. Les épaisseurs de trait et d'écriture apparaissent aussi à l'écran conformément à l'échelle de référence, de sorte qu'en principe, on voit le résultat final qui sortira.

Les échelles sur les programmes de DAO

TRAITS

Un dessin technique est fait de traits qui ont une signification différente selon leur nature et leur épaisseur. On distingue entre nature et épaisseur des traits mais, d'une échelle à l'autre, leur signification peut varier.

Il existe quatre grands types de traits : le trait continu, le trait interrompu, le trait mixte (ligne-tiret) et le trait mixte à deux tirets. Il est possible de créer des formes intermédiaires à partir de ces formes de base.

Types de traits

Les épaisseurs usuelles sont : 0,13 mm, 0,18 mm, 0,25 mm, 0,35 mm, 0,5 mm, 0,7 mm, 1 mm, 1,4 mm, 2 mm. Les épaisseurs au-delà de 0,7 mm sont toutefois moins courantes.

Épaisseur des traits

On utilise le trait continu pour tous les objets visibles et les arêtes visibles des éléments de construction. Il sert aussi à délimiter les contours des sections. Pour les éléments représentés en coupe sur le dessin, on a en général recours à une épaisseur de 0,25-0,5 mm aux échelles 1:200 et 1:100 ; à partir de l'échelle 1:50, il est préférable d'utiliser une épaisseur de 0,7-1,0 mm. Les traits continus pour les détails, les lignes de cote, les plans et élévations secondaires sont dessinés plus fins (0,18-0,25 mm au 1:200 et 1:100 et 0,25-0,5 mm dès 1:50).

Utilisation du trait continu

_____ trait continu

_ _ _ _ _ _ trait interrompu

_._._._._._._ trait mixte

. - - - - - - - - . ligne pointillée

III. 9 : Types de trait

_____ épaisseur 0,70

_____ épaisseur 0,50

_____ épaisseur 0,35

_____ épaisseur 0,25

_____ épaisseur 0,18

_____ épaisseur 0,13

III. 10 : Épaisseurs de trait

_____ trait continu 0,50 – limite des surfaces vues en coupe

_____ trait continu 0,35 – arêtes et contours visibles

_____ trait continu 0,25 – lignes de cote, lignes d'attache, lignes de repère

_ _ _ _ _ _ trait interrompu 0,35 – arêtes et contours cachés

_____ trait mixte 0,50 – tracé de la ligne de coupe

_._._._._._._ trait mixte 0,25 – axes

. - - - - - - - - . ligne pointillée 0,35 – éléments situés au-dessus de la ligne de coupe

III. 11 : Types et épaisseurs de trait à l'échelle 1:100

_____ trait continu 1,00 – limite des surfaces vues en coupe

_____ trait continu 0,50 – arêtes et contours visibles

_____ trait continu 0,35 – ligne de cote, lignes d'attache, lignes de repère

_ _ _ _ _ _ trait interrompu 0,50 – arêtes et contours cachés

_____ trait mixte 1,00 – tracé de la ligne de coupe

_._._._._._._ trait mixte 0,35 – axes

. - - - - - - - - . ligne pointillée 0,50 – éléments situés au-dessus de la ligne de coupe

III. 12 : Types et épaisseurs de trait à l'échelle 1:50

Le trait interrompu est utilisé pour les arêtes cachées des éléments de construction (par exemple, les marches de départ sur les détails d'escaliers). L'épaisseur est de 0,25-0,35 mm aux échelles 1:200 et 1:100 et de 0,5-0,7 mm dès 1:50.

Utilisation du trait interrompu et du trait mixte

Le trait mixte est utilisé pour définir les axes et les lignes de coupes. Pour être immédiatement reconnaissables, les lignes de coupe ont une épaisseur de 0,5 mm aux échelles 1:200 et 1:100 et de 1 mm dès 1:50. Les axes sont plus fins : 0,18-0,25 mm aux échelles 1:200 et 1:100 et 0,35-0,5 mm dès 1:50.

Les lignes pointillées montrent les arêtes des éléments de construction situés en retrait du plan de coupe et qui ne peuvent donc pas être représentés. > voir chap. Modes de Projection L'épaisseur utilisée est de 0,25-0,35 mm aux échelles 1:200 et 1:100 et 0,5-0,7 mm dès 1:50.

HACHURES CONVENTIONNELLES

Les hachures conventionnelles sont destinées à faciliter la représentation et la lisibilité des différents éléments de construction sur le dessin. Elles sont utilisées dans les dessins montrant un plan de coupe horizontal ou vertical (plan ou coupe) et renseignent sur les propriétés des matériaux et des éléments de construction. Dans les éléments coupés, les contours délimitent généralement une surface hachurée.

La plupart des modes de représentation conventionnels sont indiqués dans les normes spécifiques de chaque pays. > voir Annexes On fait une distinction de principe entre les représentations de sections, indépendantes du matériau (hachures obliques, surfaces remplies) et les représentations d'un matériau de construction. > voir ill. 13 Grâce à ce dernier mode de représentation, on désigne le matériau dont est fait l'élément montré en coupe. Dans la phase d'avant-projet, on habille souvent le

○ **Remarque:** Depuis l'emploi des programmes de DAO, les épaisseurs mentionnées ici n'ont plus qu'une valeur indicative. Les programmes actuels offrent un éventail d'épaisseurs qui peuvent être adaptées en fonction des besoins propres de l'utilisateur. On utilise parfois des traits plus fins que ceux tracés à la main. Il est cependant conseillé de faire des essais d'impression pour évaluer l'effet des différentes épaisseurs à l'échelle d'édition, parce que, souvent, l'image sur l'écran, indépendante de l'échelle et agrandissable ou réductible par zoom, ne correspond pas exactement au résultat imprimé.

○ **Remarque:** Dans les programmes de DAO, il est possible, pour améliorer l'effet visuel, d'adapter les hachures conventionnelles à l'échelle utilisée. Il y a des hachures dépendantes de l'échelle et des hachures indépendantes de l'échelle. De plus, presque tous les programmes de DAO permettent de modifier l'orientation des hachures, par exemple lorsqu'il s'agit de remplir des murs à 45°.

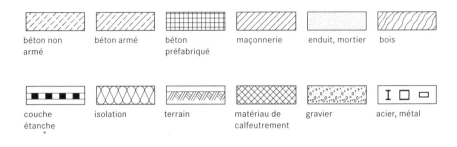

béton non armé   béton armé   béton préfabriqué   maçonnerie   enduit, mortier   bois

couche étanche *   isolation   terrain   matériau de calfeutrement   gravier   acier, métal

Ill. 13 : Hachures conventionnelles usuelles représentant des matériaux

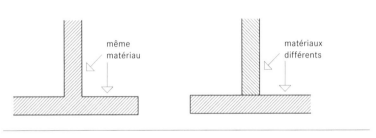

même matériau   matériaux différents

Ill. 14 : Représentation d'éléments coupés

contour des murs de pochages ou de hachures obliques indépendantes du matériau, afin de souligner les éléments massifs de la construction. Les hachures conventionnelles ne sont en général utilisées que dans la phase d'exécution (par exemple maçonnerie ou béton armé), au moment où le choix des matériaux de construction a été arrêté.

Principes à appliquer pour les hachures conventionnelles

Les hachures conventionnelles peuvent prendre la forme de lignes, de points, de trames ou de figures géométriques. S'il y a juxtaposition de plusieurs éléments portant le même type de hachures, leur orientation change d'un élément à l'autre. Les hachures obliques sont le plus souvent dessinées selon un angle de 45° ou de 135°.

La hachure conventionnelle de base pour les représentations de sections indépendamment du matériau est une trait fin incliné à 45°. Pour des raisons de lisibilité, il est conseillé de représenter les sections étroites (par exemple les sections transversales de l'ossature métallique) par une surface noire pleine.

ÉCRITURES

Pour être complet, le dessin doit comprendre, outre des traits, des surfaces et des hachures conventionnelles, des éléments écrits qui fournissent des informations supplémentaires (par exemple sur les dimensions, la numérotation des pièces, les matériaux, etc.). La précision des renseignements dépend de l'échelle de représentation.

L'utilisation d'une écriture normalisée (dite écriture ISO) permet d'en assurer la parfaite lisibilité. Cette écriture, internationale, comprend des majuscules et des minuscules. On distingue deux formes différentes selon l'épaisseur :

— Écriture **A** – étroite, épaisseur de trait = hauteur / 14
— Écriture **B** – moyenne, épaisseur de trait = hauteur / 10

et deux formes selon l'inclinaison :

— Écriture droite – caractères verticaux par rapport à la ligne d'écriture
— Écriture italique – caractères à 75° par rapport à la ligne d'écriture

L'écriture normalisée la plus courante est fondée sur l'écriture moyenne, soit droite soit italique.

A B C D E F G H I J K L M N O P R S T U V W X Y Z
a b c d e f g h i j k l m n o p r s t u v w x y z
1 2 3 4 5 6 7 8 9 10 [(! ? : ; - =)]
caractères droits

A B C D E F G H I J K L M N O P R S T U V W X Y Z
a b c d e f g h i j k l m n o p r s t u v w x y z
1 2 3 4 5 6 7 8 9 10 [(! ? : ; - =)]
caractères italiques

Ill. 15 : **Écriture normalisée droite et italique**

Des gabarits existent pour l'exécution à la main des écritures nor-
malisées, à toutes les échelles et épaisseurs usuelles. Outre l'écriture
normalisée, on pratique encore une écriture à main levée dont les caractères stylisés (majuscules uniquement) ont une forme dérivée du carré.

Dans le DAO, on peut utiliser tout l'éventail d'écritures proposé par le
programme. Il est cependant préférable d'utiliser une écriture courante,
surtout si les données sont transmises à un autre utilisateur, qui doit être
équipé de la même police de caractères.

L'écriture est toujours disposée horizontalement par rapport au sens
de lecture du plan, ou verticalement selon une rotation à 90° dans le sens
contraire des aiguilles d'une montre (le plan est donc lu depuis le bas ou
depuis son côté droit).

COTATIONS

Indépendamment du fait que les plans sont dessinés à une échelle
précise, toutes les mesures importantes doivent être indiquées de manière claire. Cette information est donnée par les chaînes de cotes, les
cotes de hauteur ou les cotes particulières. Les chaînes de cotes sont des
successions de segments munis des dimensions correspondantes. Les
cotes de hauteur sont des altitudes définies (par exemple niveau supérieur d'un plafond d'étage). La manière d'inscrire les cotes sur le dessin
est réglée par des normes. > voir Annexes

Chaînes de cotes

Une chaîne de cotes comprend les éléments de base suivants :

— ligne de cote
— ligne d'attache
— marques d'extrémité
— chiffre (dimension)

Les lignes de cote, les lignes d'attache et les marques d'extrémités
sont toujours en trait continu. La ligne de cote est disposée parallèlement
à l'élément coté, les lignes d'attache sont perpendiculaires à la ligne de
cote et définissent l'axe, la ligne ou l'arête cotée.

Les extrémités de la mesure indiquent sur la ligne de cote les points
terminaux du segment coté. Même si, en principe, ces points sont déjà
définis par la ligne d'attache, il peut arriver, lorsque des lignes se recoupent sur le dessin, que l'on ne sache pas, par exemple, si le trait fort d'un
mur en coupe comprend aussi l'extrémité de la mesure. La délimitation

III. 16 : Disposition des lignes de cote

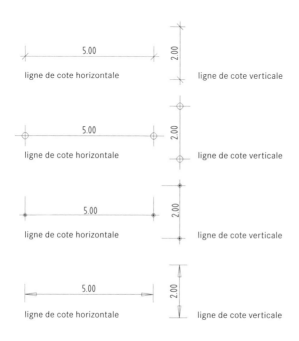

III. 17 : Exemple d'extrémités de cotes

des cotes doit donc être identifiable sans équivoque. En fonction de l'échelle, on utilise des tirets obliques, des cercles ou des flèches (par exemple tirets sur le projet, cercles sur les plans d'exécution et cercles pointés pour les petites lignes de cote sur les plans de détail). Le choix de la représentation des extrémités est en principe libre. Les tirets obliques sont inclinés selon un angle de 45° et montent de la gauche vers la droite.

La cote, délimitée par les marques d'extrémité du segment, indique la longueur de l'élément de construction. Lorsque cette mesure est

Indication des mesures

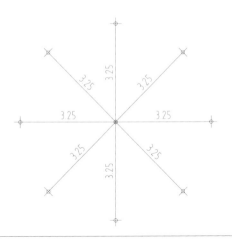

III. 18 : Sens des écritures selon l'angle d'inclinaison

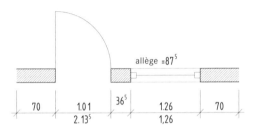

III. 19 : Cotation d'une porte et d'une fenêtre dans un mur

supérieure à 1 m, l'unité est le mètre (par exemple 1) ; on recourt aux centimètres lorsque la distance est inférieure à 1 m (par exemple 99 ou 25). Les valeurs de l'ordre du millimètre sont indiquées par des chiffres en exposant (par exemple $1,25^5$ ou 36^5). Les unités de mesures (m, cm) ne sont pas indiquées.

Position des mesures　　Les mesures sont en général placées au-dessus de la ligne de cote, à mi-distance des extrémités du segment. Pour les cotes des baies, on ajoute la hauteur sous la ligne de cote. > voir ill. 19 La hauteur d'allège d'une fenêtre est indiquée sur le côté intérieur de l'ouverture.

L'inscription des mesures sur la ligne même n'est pas très usuelle ; dans ce cas, celle-ci est interrompue.

Pour résoudre le problème de l'inscription des mesures au-dessus de segments trop courts (par exemple parois légères, parois en applique), il est possible d'inscrire les chiffres juste à côté de l'extrémité du segment coté. > voir ill. 25-27 La lisibilité exige dans tous les cas que les chiffres ne recoupent pas les lignes.

Cotation des niveaux

Les cotes de niveau indiquent la hauteur des étages, des allèges et des seuils. Elles se réfèrent toutes à un niveau ± 0,00 qui correspond généralement au niveau du sol fini dans la zone de l'entrée. Ce point de référence est mesuré avec précision par rapport à un repère d'altitude, de manière à assurer l'exactitude des hauteurs du bâtiment. Il est donc recommandé d'indiquer sur le plan l'altitude du point ± 0,00 par rapport au point de référence. Toutes les hauteurs sur le plan se réfèrent au point ± 0,00 et sont précédées d'un signe + ou -.

La représentation des cotes de hauteur dans les plans diffère de celle utilisée dans les élévations et les coupes.

Sur les élévations et les coupes, le symbole pour les cotes de niveau est un triangle équilatéral dessiné sur l'élément ou sur une ligne d'attache (par exemple à l'extérieur du bâtiment) et muni du chiffre.

Cotes de niveau sur les élévations et les coupes

Les cotes de niveau du gros œuvre sont généralement représentées par un triangle noirci, les cotes de niveau des finitions par un triangle vide.

Sur les plans et les vues de dessus, les cotes de niveau peuvent aussi être indiquées par des triangles (noircis pour le gros œuvre, vides pour la finition), mais on utilise le plus souvent des cercles fractionnés munis, en haut, de la cote de la finition et, en bas, de la cote du gros œuvre. Les fractions du cercle peuvent être noircies. Il est également

Cotes de niveau sur les plans

III. 20 : Cotes de niveau usuelles

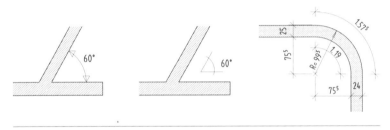

III. 21 : Cotation d'angles et exemple de cotation d'arc

possible de distinguer le niveau fini du niveau brut par une abréviation (N.F., N.B.).

Mesures des angles et des arcs

L'angle doit être indiqué lorsque des éléments ne forment pas entre eux un angle droit. L'indication se fait généralement en degrés et avec le signe conventionnel de l'angle ∠, le cas échéant avec un arc de cercle terminé par deux flèches, le chiffre écrit au milieu.

Dans les parties arrondies du bâtiment, il faut indiquer l'arc, ce qui permet par exemple de connaître la longueur développée d'un mur incurvé en béton armé. Cela est notamment indispensable pour certaines mesures (mètres courants de mur, plinthes, etc.). La cotation se fait par un arc de cercle de même centre que l'arc à construire, avec indication du chiffre au-dessus de la ligne. L'arc de cercle peut se terminer de la même manière que les segments cotés droits ou par des flèches.

Cotes d'éléments isolés

S'il convient d'indiquer les mesures d'un élément isolé, les dimensions sont en général inscrites sur l'objet et peuvent être complétées par une désignation (par exemple [hauteur d']allège) ou un signe conventionnel (par exemple ∅ pour diamètre ou ▱ pour une section carrée). Le rayon est abrégé par la lettre R ou r devant le chiffre. Pour simplifier l'indication des longueurs et largeurs, on peut aussi indiquer les chiffres séparés par des barres de fraction : par exemple l/h 12/16 pour une poutre de 12 cm de large et 16 cm de haut.

Les différents Plans

Les plans de construction se répartissent en deux grands groupes. Le premier concerne la phase de recherche d'idées, de l'esquisse à la demande de permis de construire. Le second comprend la phase d'exécution du projet. En conséquence, on distingue les dessins d'avant-projet et de projet, des plans définitifs et d'exécution.

Les documents dessinés propres à chacune de ces phases contiennent des informations pour des destinataires bien précis. Le dossier de plans peut servir de base pour la décision du maître de l'ouvrage ou l'administration, ou pour les planifications dans les différents domaines spécialisés, et contenir les instructions détaillées pour les entreprises chargées de l'exécution. Un plan ne présente pas la même exhaustivité ni la même précision selon la fonction qu'il doit remplir, selon son type et selon son échelle. Plus le facteur de réduction est petit, plus les éléments représentés sont grands et plus les plans sont détaillés dans le dessin, la cotation et les écritures.

DOCUMENTS DE BASE

Plan cadastral

Pour avoir une vision générale ou une base de projet, on utilise les plans cadastraux ou les plans de quartier (le plus souvent à l'échelle 1:1000) disponibles dans les villes et les communes. Mais les mesures qui y sont indiquées peuvent cependant être quelque peu imprécises.

Relevé

S'il s'agit de transformer un bâtiment, il faut d'abord procéder à un relevé de l'existant. C'est sur cette base que reposent les étapes suivantes. Le niveau de détail et d'exactitude nécessaire pour le relevé dépend en bonne partie de l'affectation prévue. S'il s'agit simplement d'adosser une petite annexe à un bâtiment existant, sans exigences particulières quant à la qualité du détail, il suffit en principe d'indiquer les dimensions (longueur, largeur, hauteur). Mais si le projet concerne un bâtiment protégé au titre de monument historique, il faut procéder à un relevé détaillé complété par des indications précises sur les matériaux des surfaces et les caractéristiques de la construction.

AVANT-PROJET

But de l'avant-projet

Les dessins d'avant-projet sont la concrétisation graphique de l'idée globale du projet. On fait, dans cette phase, la distinction entre les dessins de construction destinés à servir de préalable aux plans futurs et

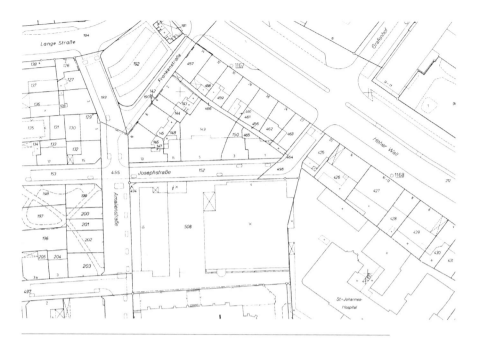

III. 22 : Exemple de plan cadastral

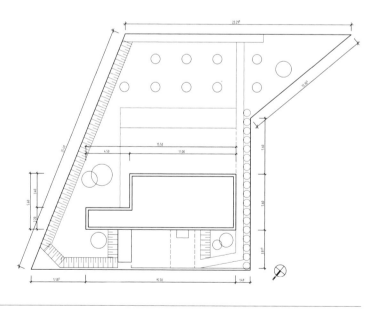

III. 23 : Plan de situation d'un avant-projet

les esquisses de projet destinées à expliquer l'idée au maître de l'ouvrage. L'avant-projet a pour but de clarifier l'idée de départ et de la communiquer. Il exprime le concept de l'architecte et autorise beaucoup de libertés dans la représentation. Il peut toutefois aussi fournir des informations pour les premiers contacts avec l'administration. Le dossier d'avant-projet constitue donc la base pour l'obtention d'un préavis de la part de l'administration.

Échelle

Les dessins d'avant-projet ne doivent donner que les informations strictement nécessaires sur la forme et les dimensions du bâtiment. L'échelle la plus courante est 1:200, ou 1:500 pour les projets de grande taille. Les plans de situation ont un facteur de réduction plus élevé (éch. 1:500 ou 1:1000).

Plan de situation ou plan-masse

Comme son nom l'indique, le plan de situation montre la relation du bâtiment avec le bien-fonds et les environs. Les éléments qui y figurent donnent une idée générale de la taille et de l'emplacement du bâtiment c'est-à-dire de son emprise, de la configuration et de l'affectation de l'ensemble de la parcelle. Le plan de situation peut parfois inclure les bien-fonds voisins.

Plans, coupes et élévations

Pour la suite des dessins de construction, il est judicieux de commencer par établir un plan du rez-de-chaussée basé sur le plan de situation. À partir du plan du rez-de-chaussée, on trace ensuite les plans des étages, le plus simple étant de procéder par superposition (pour le dessin manuel aussi bien que pour le DAO).

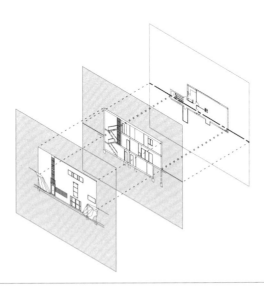

Ill. 24 : Construction de coupes et de façades

Une fois les plans dressés, il est assez facile d'établir les coupes. On commence par indiquer sur le plan le tracé de coupe choisi, puis on tourne le plan de manière que la ligne de coupe soit horizontale. Cette ligne, à partir de laquelle se dessine la coupe, constitue le niveau 0 (entrée du bâtiment). On construit les éléments vers le haut (étages) et vers le bas (sous-sol) en prolongeant les bords des murs coupés dans le plan à leur hauteur par rapport au niveau zéro.

Les élévations ne devraient être réalisées que sur la base des hauteurs fixées sur les coupes. Le plus simple consiste à dessiner les contours extérieurs des coupes et à les compléter par les baies et les raccords au terrain à l'aide des plans glissés dessous pour être vus en transparence. > voir ill. 24

Le dossier d'avant-projet doit montrer la disposition provisoire du bâtiment : volumétrie générale, agencement des pièces, insertion dans l'environnement. Les éléments de construction y sont généralement représentés sans indication du matériau, de sorte qu'on ne peut tout d'abord distinguer que leur section.

Représentation des éléments de construction

Sur les élévations, toutes les arêtes visibles sont représentées par un trait continu. L'épaisseur du trait est fonction de l'échelle, de l'importance de l'objet (un mur par exemple est plus important qu'une poignée de porte) et du niveau de détail. On réserve les traits les plus forts pour les contours des murs extérieurs et de leurs baies.

Les équipements (sanitaires, cuisine) et les meubles sont représentés sur les plans et les élévations afin de rendre le projet plus explicite. Il est important de les faire figurer sur les dessins de logements pour que les maîtres d'ouvrage ayant peu d'expérience de la construction puissent se faire une idée des proportions et de la taille des pièces.

Les arbres, les personnages et les éléments de l'environnement extérieur servent à insérer le bâtiment dans son contexte ; ils ne sont cependant qu'un arrière-plan et ne contiennent pas d'informations. Ce sont toutefois des objets familiers qui présentent l'avantage de faciliter la perception des dimensions et des proportions à l'œil peu habitué à la lecture des plans. On les utilise généralement sur les dessins au stade de l'avant-projet et du projet, et dans les dossiers de concours et de présentation.

Proportions

Sur les dessins d'avant-projet, la cotation reste sommaire. Sur les plans ne sont indiquées que les dimensions extérieures et les principales dimensions des pièces. Il y a rarement des cotes pour les saillies ou les renfoncements ponctuels, au niveau des portes et des fenêtres, par exemple.

Cotation

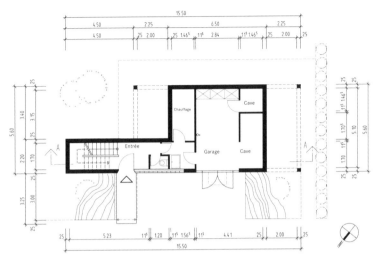

III. 25 : Avant-projet : plan du sous-sol

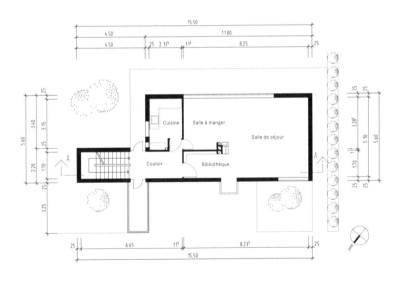

III. 26 : Avant-projet : plan du rez-de-chaussée

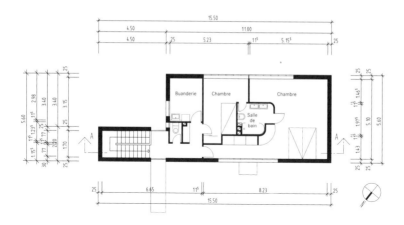

III. 27 : Avant-projet : plan de l'étage

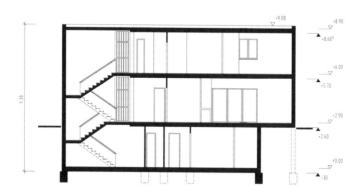

III. 28 : Avant-projet : coupe

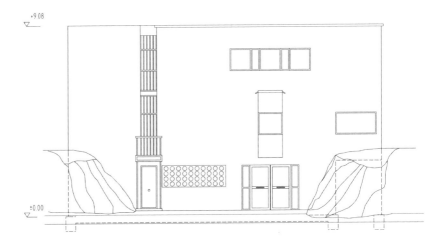

III. 29 : Avant-projet : façade nord-ouest

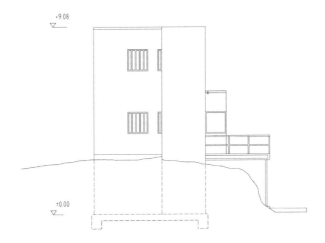

III. 30 : Avant-projet : façade nord-est

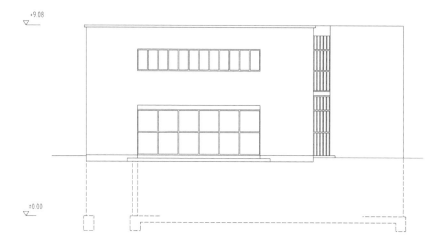

+9.08

±0.00

III. 31 : Avant-projet : façade sud-est

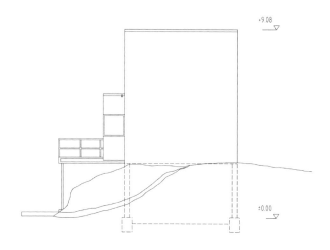

+9.08

±0.00

III. 32 : Avant-projet : façade sud-ouest

Les élévations ne comportent que les cotes de niveau les plus importantes (bord inférieure de la toiture, faîte). Sur les coupes, on ajoute encore les niveaux des sols ou des étages.

Écritures   Les écritures se limitent à une simple indication de la fonction des pièces et de leur surface approximative en mètres carrés.

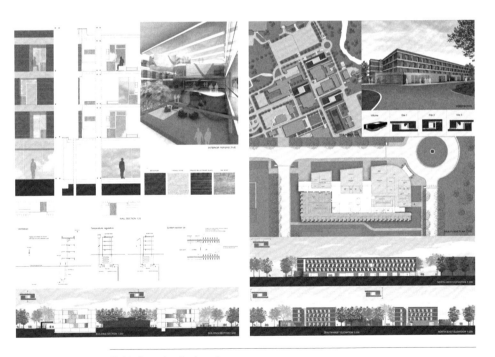

Ill. 33 : Exemples de plans de concours

DOSSIERS DE PRÉSENTATION

La présentation d'un projet se fait au moyen de plans spécialement établis à cet effet, différents des dessins de constructions traditionnels. Ils sont dressés le plus souvent au terme de la phase de l'avant-projet, qu'ils servent à confirmer pour la suite des opérations. Les plans de présentation s'adressent à des destinataires précis qu'il s'agit de convaincre de l'idée générale du projet. Il faut donc les concevoir en vue de cet objectif.

Si, par exemple, le maître de l'ouvrage n'a pas une grande expérience de la lecture de plans et ne peut pas se figurer les volumes à partir de dessins en deux dimensions, il est judicieux de lui fournir une aide sous forme de dessins en volume ou de perspectives.

Il peut arriver que le maître de l'ouvrage doive présenter le projet à une instance tierce et qu'il ait besoin pour cela de documents dont l'effet visuel soit convaincant. Cela peut se faire sous la forme de représentations en trois dimensions (perspectives) ou de dessins d'urbanisme, de voies de circulation, d'espaces de travail, sur la base de plans ou de coupes.

Lorsqu'on participe à un concours, comme architecte ou comme étudiant, on doit pouvoir représenter graphiquement son idée de manière

Présentation au maître de l'ouvrage

Concours d'architecture
■

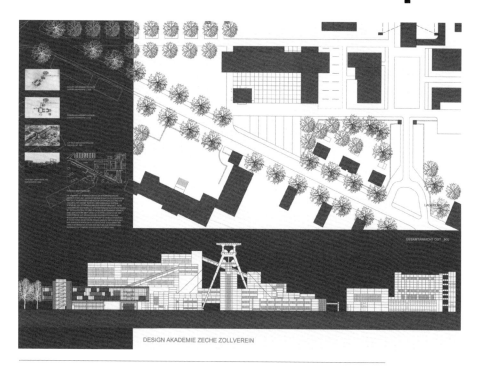

III. 34 : Exemple de dossier de présentation d'étudiant : plan de situation

39

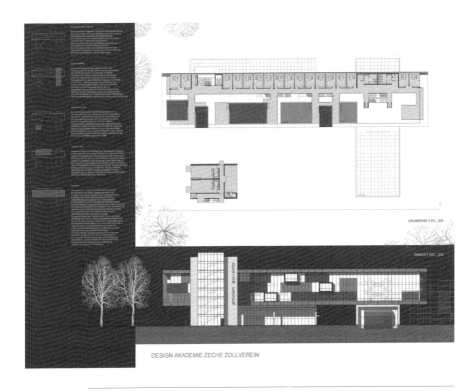

DESIGN AKADEMIE ZECHE ZOLLVEREIN

Ill. 35 : Exemple de dossier de présentation d'étudiant : plan et façade

à la rendre limpide pour le jury. Comme celui-ci se compose d'ordinaire aussi bien de spécialistes que de non-professionnels, il faut prendre en considération les exigences de ces deux groupes de jurés. La décision doit souvent être prise dans un délai assez court : il faut donc que tous ceux qui sont appelés à examiner un projet puissent se faire rapidement une idée de ses qualités intrinsèques. Il est en outre important de se démarquer aussi des autres concurrents par la qualité de la présentation.

Présentations
d'étudiants

Les présentations de projets d'étudiants doivent être en mesure d'emporter l'adhésion d'un spécialiste qualifié (l'enseignant), disposant de la capacité d'abstraction nécessaire et d'une bonne faculté de visualisation. C'est la raison pour laquelle les travaux d'étudiants sont généralement de nature plus conceptuelle que les présentations faites aux maîtres d'ouvrages. Il est possible, par exemple, de renoncer aux indicateurs de proportion, qui sont en revanche indispensables dans les présentations aux non-spécialistes.

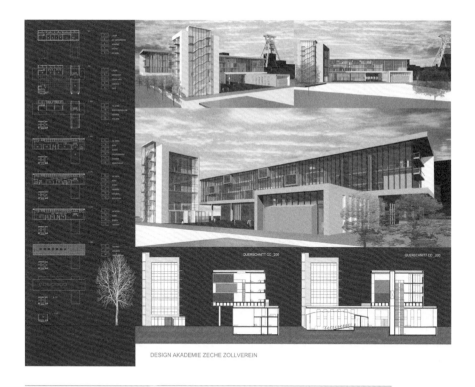

DESIGN AKADEMIE ZECHE ZOLLVEREIN

Ill. 36 : Exemple de dossier de présentation d'étudiant : perspectives et coupes

Aux éléments traditionnels (plans, coupes et élévations) viennent souvent s'ajouter des représentations en trois dimensions des espaces extérieurs et intérieurs. Il peut aussi s'avérer utile d'ajouter des pictogrammes qui représentent l'idée du projet ou ses rapports fonctionnels.

Contenu des plans de présentation

L'échelle des plans à fournir est en général déterminée à l'avance. Pour le reste, on dispose de plus de libertés pour les dessins de présentation que pour les dessins d'exécution. Les cotations peuvent être limitées au minimum, les éléments de construction représentés de manière plutôt graphique, et le dessin réduit à une composition d'éléments. Il n'y a pas de limites à la créativité. Ce qui est important, c'est d'avoir le souci de l'intelligibilité pour les personnes à qui le projet sera présenté et d'adapter le dessin en conséquence.

Forme des plans de présentation

DOSSIERS DE PROJET

But du dossier
de projet

Le dossier de projet est l'étape qui suit l'avant-projet. L'architecte, en accord avec le maître de l'ouvrage, décide de la forme géométrique et des dimensions définitives du bâtiment en vue de la demande de permis de construire. Le dossier de projet doit donc contenir tous les éléments utiles aux autorités compétentes. Cette phase comprend déjà certains plans d'exécution, comme par exemple ceux de la structure porteuse et des équipements techniques. Le dossier de projet doit aussi faire apparaître toutes les indications essentielles sur la construction (par exemple les murs porteurs).

Échelle

L'échelle usuelle des plans de projets de logement est le 1:100, voire 1:200 ou 1:500 pour les bâtiments très volumineux. Au 1:100, le dessin d'une grande halle industrielle, par exemple, devrait être réparti sur plusieurs feuilles A0, ce qui nuirait à la compréhension du projet dans sa globalité. Dans ce cas, puisque le dossier de projet doit être une base utile et intelligible pour les discussions auxquelles devra participer le maître de l'ouvrage, un plus grand facteur de réduction paraît indiqué.

Représentation
des murs

Au stade du projet déjà, il est possible d'utiliser des hachures différenciées pour représenter la nature des murs (béton armé, maçonnerie ou construction à sec par exemple). Leur épaisseur établit la distinction entre murs porteurs et non porteurs. En revanche, on ne représente d'habitude pas le revêtement des parois (enduit intérieur, par exemple). Le dessin des baies dans les murs doit être précis, de manière à faire apparaître leurs dimensions et, le cas échéant, la hauteur d'allège. Le tracé du sens d'ouverture des portes, dès le stade du projet, permet de se faire une idée de la circulation dans le bâtiment.

Établi en parallèle avec le plan de la structure porteuse, le dessin des fondations doit comprendre le mode de construction (semelles isolées ou filantes, tabliers antigel), avec les profondeurs et les largeurs exactes. Si nécessaire, la coupe peut indiquer en traits mixtes les parties non visibles.

Représentation
des plafonds

Les coupes des plafonds représentent le plafond brut, en indiquant le matériau par des hachures spécifiques, et le sol fini, afin de définir la hauteur de construction.

Représentation
des éléments
non visibles

Comme le plan est une coupe horizontale à environ 1,00–1,50 m du sol, les éléments situés au-dessus n'y sont pas visibles. Il est cependant très utile de les faire figurer malgré tout pour la bonne compréhension de la géométrie et du volume. Il peut s'agir de solives, qui divisent visuelle-

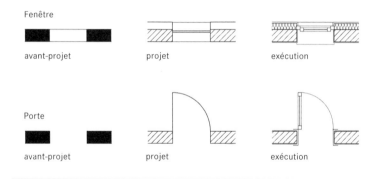

Fenêtre

avant-projet   projet   exécution

Porte

avant-projet   projet   exécution

III. 37 : Représentation de fenêtre et de porte en fonction du type de plan

ment une pièce en plusieurs compartiments (les dimensions des solives sont alors indiquées sur le plan, par ex. 45/35), ou d'un escalier dont il convient de dessiner la partie supérieure et son raccordement pour bien comprendre sa géométrie.

Il en va de même pour les coupes, par exemple lorsqu'il y a des entresols ou des volées de marches non visibles. Sur les élévations, il est possible d'indiquer par des traits interrompus les murs porteurs et les plafonds à l'intérieur de l'enveloppe bâtie.

Les élévations peuvent comporter les éléments suivants : répartition et mode d'ouverture des fenêtres, caisson de store, hauteur des baies, balcons, allèges, saillies et retraits, formes de toiture.

Indications supplémentaires sur les élévations

Il convient d'indiquer avec exactitude la forme actuelle du terrain et la forme qu'il est prévu de lui donner. C'est en effet une information importante pour l'aménagement des entrées et pour les travaux de terrassement. Elle permet aussi à l'autorité compétente de se faire une idée des hauteurs.

Tracé du terrain environnant

Sur les plans de projet, on indique le nombre de marches, la pente et le giron des escaliers (par exemple 10 marches de 17,5/26). La ligne de foulée est représentée par une ligne dont le point de départ est un cercle et l'extrémité (palier d'arrivée) une flèche. Les rampes quant à elles sont figurées par deux lignes issues des angles et convergeant au milieu du palier d'arrivée.

Représentation des escaliers et des rampes

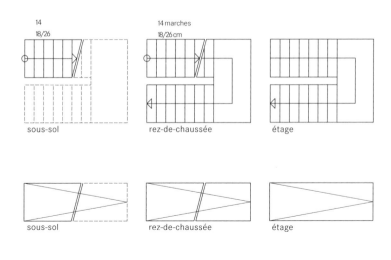

14	14 marches	
18/26	18/26 cm	
sous-sol	rez-de-chaussée	étage

| sous-sol | rez-de-chaussée | étage |

Ill. 38 : Représentation d'escaliers et de rampes

Sur les coupes, les escaliers doivent être représentés aussi simplement que possible, afin de rendre la géométrie intelligible. On fait une distinction entre escaliers en béton, en bois ou en métal, ouverts ou fermés, avec ou sans repos.

Cotation des plans

La cotation dans la phase de projet doit servir à définir les rapports géométriques du bâtiment et de ses pièces. Comme pour l'avant-projet, on commence par mesurer les dimensions hors tout, y compris tous les revêtements et enduits extérieurs. Cela facilite le calcul de la surface d'étage brute, du volume intérieur brut, et l'insertion dans le plan de situation ou dans la parcelle.

On mesure ensuite toutes les portes extérieures et les fenêtres le long des façades ; le mieux est d'ajouter une ligne de cote supplémentaire pour la situation intérieure des fenêtres. > voir ill. 39 Il est ainsi possible de déterminer l'emplacement de toutes les baies et leur effet sur la façade. Les éventuels décalages entre les axes extérieurs et intérieurs ou les feuillures peuvent ainsi être intégrés dans les plans.

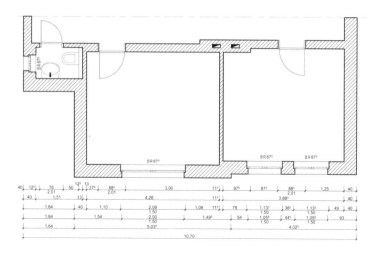

III. 39 : Exemples de chaînes de cotes horizontales

L'étape suivante est la mesure de la longueur et de la largeur des volumes intérieurs. Ces dimensions sont nécessaires pour le calcul du volume des pièces et de l'habitation. L'usager pourra ensuite s'en servir pour l'ameublement. Il est donc judicieux d'indiquer des lignes de cote séparées pour la longueur totale de la pièce et pour le développement des murs avec les portes.

La hauteur des ouvertures (portes, linteaux et fenêtres) doit figurer sous la ligne de cotes; pour les fenêtres, on indique aussi la hauteur d'allège.

Le dessinateur devrait veiller à disposer les lignes dans un ordre logique et suivant des axes faciles à identifier, afin de faciliter la lecture du plan. Pour le dessin de logements, la succession habituelle des chaînes de cotes va de l'extérieur vers l'intérieur :

1re ligne de cote : dimensions hors tout (ajouter une ligne s'il y a des ressauts ou des retraits)

2e ligne de cote : dimensions extérieures avec toutes les baies (portes, fenêtres, éléments en saillie, etc.)

3e ligne de cote : dimensions intérieures des baies et tous les murs percés

4e ligne de cote : dimensions des pièces situées contre le mur extérieur

5e ligne de cote : murs intérieurs des pièces, avec les portes, les éléments rentrants, les angles et les passages

6e ligne de cote : dimensions des pièces situées plus au centre de l'habitation

7e ligne de cote : etc.

■ S'il y a lieu de coter des axes (par exemple pour la construction d'une halle industrielle), la ligne de cote se place à l'extrémité du dessin et est munie d'une numérotation continue à droite ou à gauche du plan et d'une suite de lettres en haut ou en bas du plan.

Outre les longueurs et les largeurs, il est indispensable que le plan contienne aussi des indications sur le niveau du sol. C'est le seul moyen de bien comprendre le plan par rapport à la configuration de la parcelle et du bâtiment. Ce niveau n'est indiqué qu'en un seul endroit, souvent près de l'entrée, pour autant que le sol n'y présente pas de parties plus hautes ou plus basses. Le détail des hauteurs apparaît sur la coupe. > voir ill. 40

Les cotes de hauteur ne devraient donc être inscrites sur les plans horizontaux qu'après l'établissement de ceux de coupe.

○ **Remarque:** Pour les constructions en maçonnerie, il convient de tenir compte du module « octamétrique », qui détermine les mesures nominales avec et sans joints. La juxtaposition de briques de 24 cm de longueur, y compris un joint de 1 cm donne, sans joint final, la mesure nominale sans joint (11,5 cm ; 24 cm ; 36,5 cm ; 49 cm ; …) et, avec joint final, la mesure nominale avec joint (12,5 cm ; 25 cm ; 37,5 cm ; 50 cm ; etc.).
Pour plus d'informations, voir Nils Kummer, « Basics Construire en Maçonnerie », Éditions Birkhäuser, Bâle 2006.

■ **Astuce:** La composition des chaînes de cotes doit être conçue avec soin, de manière à ne pas comporter de répétitions superflues, mais aussi à ne rien omettre. Il n'est parfois pas facile d'indiquer toutes les mesures, surtout lorsqu'il y a de nombreuses pièces situées au centre de l'habitation. Si nécessaire, pour des mesures isolées, il est possible d'ajouter une chaîne de cotes supplémentaire à l'intérieur du plan du bâtiment. Cette solution est généralement plus lisible qu'une chaîne de cotes supplémentaire ajoutée au bord du dessin et tracée sur toute la longueur du bâtiment alors qu'elle ne donne le détail que d'une partie.

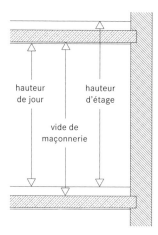

III. 40 : Mesures de hauteur dans les coupes

Cotation
des coupes

Les éléments importants des plans de coupe sont les hauteurs des étages et des éléments de construction, qui sont un complément nécessaire aux plans horizontaux. On utilise d'ordinaire des cotes de hauteur, > voir chap. Outils et Principes de la Représentation, Cotations complétées par des chaînes de cotes verticales. Les cotes de hauteur indiquent la hauteur absolue (par rapport au niveau zéro de référence), les chaînes de cotes donnent la hauteur des différents éléments de construction et des pièces. Pour une toiture, par exemple, les cotes donnent des indications sur la hauteur des éléments porteurs et sur la hauteur totale de la toiture (hauteur du faîte, hauteur de l'attique). S'agissant des indications de hauteur des étages, on distingue entre :

— Hauteur d'étage, c'est-à-dire la hauteur de sol fini à sol fini selon la succession des étages
— Hauteur de jour, c'est-à-dire la hauteur entre le sol fini (niveau supérieur : N.S.) d'un étage et le niveau inférieur (N.I.) du plafond fini, le cas échéant, de l'enduit ou du plafond surbaissé
— Vide de maçonnerie, qui est l'intervalle entre le niveau supérieur du plancher brut et le niveau inférieur du plafond brut.

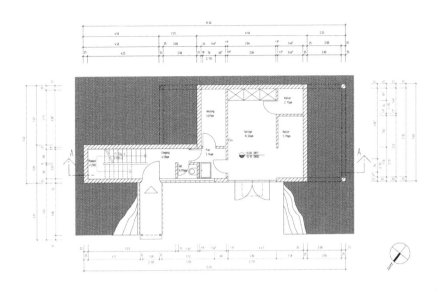

Ill. 41 : Projet : plan du rez-de-chaussée

De même que sur les plans, les chaînes de cotes devraient être disposées selon la logique suivante :

1re ligne de cote : dimension hors tout (si nécessaire, ligne de cote supplémentaire pour les éléments en saillie ou rentrants)
2e ligne de cote : dimension extérieure avec toutes les ouvertures (portes, fenêtres, hauteurs d'allège, etc.)
3e ligne de cote : dimension intérieure avec toutes les ouvertures (portes, fenêtres, hauteurs d'allège, etc.)
4e ligne de cote : hauteurs de jour des pièces
5e ligne de cote : etc.

Cotation des élévations

Sur les élévations, les hauteurs sont indiquées par des cotes d'altitude, qui peuvent être complétées par des chaînes de cotes si le projet est de dimension importante.

De même que sur une coupe, les cotes d'altitude sont mesurées depuis le niveau zéro de référence (sol fini du rez-de-chaussée) ; il est possible d'indiquer en plus l'altitude par rapport au repère.

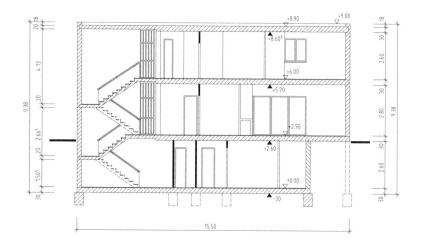

III. 42 : Projet : coupe

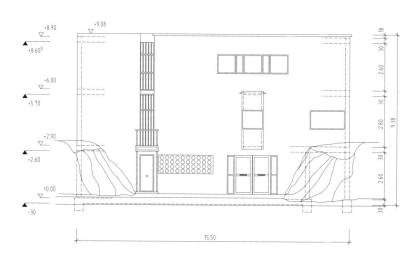

III. 43 : Projet : façade

Ces cotes complémentaires données par rapport au repère d'altitude sont notamment utilisées pour indiquer le niveau de la route et du terrain.

Au stade du projet, les élévations ne comportent de cotes de hauteur que pour les éléments les plus marquants comme, par exemple, le niveau du terrain et l'arête du toit.

Écritures

■ Les plans peuvent contenir des indications complémentaires sur les pièces : numéro et/ou désignation de la pièce (W-C, séjour, etc.) et, le cas échéant, la surface en mètres carrés. Souvent, un triangle noir plein aide à localiser l'entrée de la maison.

Les plans inclinés doivent être définis par une cote d'altitude et une indication d'angle ; sur les coupes, elles sont exprimées en pourcentages ou en degrés et complétées par une flèche qui indique la direction ; par exemple « < 45° » pour un versant de toit incliné de 45° vers la droite. On munit également les plans d'une flèche montrant le nord afin de renseigner sur les conditions d'éclairage des différentes pièces et afin de pouvoir déterminer l'orientation des façades (nord, ouest, sud, est).

DOSSIER DE DEMANDE DE PERMIS DE CONSTRUIRE

Au cours de cette phase, le plan de situation et les dessins de projet sont complétés par les indications qu'exigent les règlements de l'autorité compétente. Les exigences varient selon la nature et la taille du bâtiment. En principe, il convient de transformer le plus simplement du monde les dessins de projet en plans pour la demande de permis de construire.

Plan de situation officiel

Les plans de situation doivent être établis par un géomètre officiel ou un service d'arpentage. Mieux vaut demander les documents nécessaires à l'autorité compétente avant de déposer sa demande de permis de construire. Le plan de situation officiel comprend une partie écrite et une partie graphique. Le dessin est normalement établi à l'échelle 1:500 ; si le bâtiment est très grand, ou au contraire très petit, on peut aussi adopter respectivement l'échelle 1:1000 et 1:250. Le dessin est en général en noir, mais il peut être complété par des couleurs pour représenter les surfaces et les limites.

Le plan de situation doit comprendre les éléments suivants :

— Situation de la parcelle avec indication de l'orientation (flèche montrant le nord)
— Bâtiments existants, avec leur usage, le nombre d'étages, la forme du toit (direction du faîte)
— Construction prévue avec ses dimensions extérieures, les hauteurs par

rapport au zéro de référence, la structure des étages, la forme du toit

— Dimensions extérieures des bâtiments existants et du bâtiment prévu
— Indications sur l'affectation des surfaces non bâties (jardin, parking, aire de jeu, terrasse, etc.)
— Indication et justificatif des distances à respecter par rapport aux constructions voisines et par rapport au domaine public (souvent sur un plan séparé)
— Marquage et délimitation des surfaces grevées de servitudes
— Situation des conduites (gaz, eau, électricité, chauffage, radio/téléphone).

Le plan de situation comporte les écritures suivantes :

— Échelle
— Nom de la rue et numéro, propriétaires, désignation du bien-fonds (quartier, lieu-dit, lot)
— Surfaces, limites cadastrales
— Présence d'arbres, en cas d'arbre ou de zone protégés
— Indications sur la superficie grevée d'une servitude et son affectation.

Si la parcelle se trouve dans un plan de quartier, il faut en respecter les contraintes, qui sont d'ordinaire exprimées par des signes conventionnels.

Si la construction projetée n'est pas une construction nouvelle, mais un agrandissement ou une transformation d'un bâtiment existant, les plans doivent montrer distinctement les éléments à démolir et ceux à construire. On a coutume d'effectuer un relevé de l'existant au début du projet, afin d'avoir une base pour la transformation et la rénovation. Lors de démolitions de grande envergure, il est recommandé d'établir des plans spécifiques pour la démolition, qui pourront ensuite servir de

Projet dans un tissu bâti existant

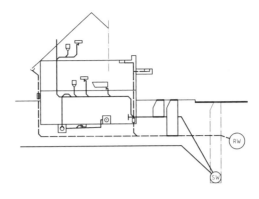

III. 44 : Système d'écoulement des eaux vu en coupe

base aux plans d'exécution. Par convention, les éléments à démolir sont figurés par des croix à 45° et munis de traits interrompus sur le plan et les coupes. On ajoute encore sur le plan des couleurs conventionnelles pour distinguer les parties existantes, les parties à démolir et les éléments nouveaux :

Noir : existant à conserver
Rouge : nouveau, à ajouter
Jaune : à démolir au cours du chantier

Il est bien sûr préférable de convenir du mode de représentation à adopter avec l'autorité délivrant le permis de construire.

Dessin des
évacuations
d'eaux usées
L'évacuation des eaux des installations sanitaires (toilettes, cuisines) et des eaux de pluie s'écoulant sur les toits est dessiné sur des plans particuliers qui représentent le tracé des canalisations d'eaux usées (E.U.). Ces dessins montrent en plan et en coupe les conduites de descente et les raccordements aux installations sanitaires. On y indique le diamètre intérieur des canalisations (par exemple 100 mm), qui détermine le dimensionnement des équipements sanitaires (cuves, regards, etc.).

DOSSIERS DE PLANS D'EXÉCUTION

Les plans d'exécution doivent contenir tous les détails nécessaires à la réalisation précise de l'ouvrage. Le dossier des plans d'exécution ne comprend donc pas seulement les plans d'architecte, mais aussi ceux des autres corps d'état (chauffage, conduites sanitaires, structure porteuse, protection antifeu, etc.). Les dessins d'exécution se répartissent en deux groupes qui diffèrent par leur échelle et le degré de détail. Les plans d'exécution sont établis à l'échelle 1:50 et les plans de détail à l'échelle 1:20 à 1:1. On distingue les catégories suivantes (liste non exhaustive) :

Objectif des plans d'exécution

— Plans d'exécution au 1:50 – plans, élévations et coupes de l'ensemble du bâtiment ou de certaines parties
— Coupes de murs de façade au 1:50 à 1:10 – le détail des façades et de leur rapport constructif et géométrique avec les autres éléments de la construction sont représentés sur des coupes et des élévations intérieures et extérieures
— Plans de pose au 1:50 à 1:20 – des plans de pose sont établis pour les différents corps d'état ; ce sont entre autres les plans des chapes de béton, les plans de carrelage, les plans pour la construction à sec et les plafonds à éléments modulaires.
— Plans de détail au 1:20 à 1:1 – représentation détaillée des points constructifs ou des raccordements avec tous les éléments
— Éventuellement plans d'installation de chantier.

Le projet doit être traduit dans des dessins d'exécution, de détail et de construction valables et complets qui permettent à l'entrepreneur de comprendre le projet et de le réaliser sans difficultés. Le plan d'exécution doit être assez détaillé et ne pas laisser une marge d'interprétation et d'appréciation indésirable. On suppose néanmoins que les maîtres d'état connaissent leur métier, de sorte qu'il n'est pas nécessaire de prévoir le détail de chaque boulon. Les éventuelles conditions posées par l'autorité délivrant le permis de construire peuvent elles aussi avoir une incidence. La réalisation de plans d'exécution doit se poursuivre durant le cours des travaux pour s'adapter en cas de modifications ou de points obscurs.

Représentation dans les plans d'exécution

Dans le dossier d'exécution, les éléments de construction vus en coupe sont d'ordinaire représentés avec toutes les couches à l'échelle 1:50 afin de donner une vue détaillée des murs (par exemple maçonnerie enduite sur les deux faces ou dalle flottante pour un plancher en béton armé). Les dessins doivent aussi représenter les ouvertures et les réservations dans les murs et les plafonds, souvent nécessaires pour

Représentation des éléments en coupe

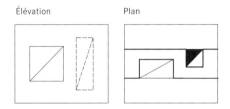

Élévation Plan

réservations (moins profondes que l'élément de construction)

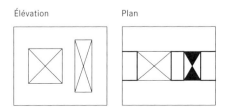

Élévation Plan

percements (sur toute la profondeur de l'élément de construction)

Ill. 45 : Représentation des réservations et des percements

différents équipements (conduits de fumée ou de chauffage, conduites sanitaires, canaux de ventilation, gaines électriques). Il conviendra de se mettre d'accord au sujet de ces éléments avec les maîtres d'état de chaque domaine.

Le trait diagonal indique une réservation dans le mur ; si l'élément constructif est percé dans toute son épaisseur, le signe conventionnel est une croix. Pour souligner l'effet graphique, il est possible de remplir de noir un des deux triangles.

Axes sur les plans d'exécution

Pour les bâtiments dont le système porteur est fait d'éléments répétitifs (bâtiments industriels ou administratifs), il convient de désigner les axes longitudinaux et transversaux de la grille porteuse par des chiffres ou des lettres. Cette désignation peut ensuite être reprise pour les plans de la structure porteuse et servir à distinguer les divers éléments. Les axes sont indiqués par des traits mixtes tracés à travers tout le dessin ou juste amorcés à l'extérieur du bâtiment.

Cotation des plans d'exécution

Les plans d'exécution doivent être munis de toutes les cotes nécessaires à la bonne réalisation de l'ouvrage. Il faut non seulement reprendre toutes les cotes indiquées sur les dessins de projet, mais encore les compléter par des indications exhaustives sur la hauteur, la largeur et la profondeur de chaque élément de construction important dont les dimensions sont utiles pour les métrés sur le chantier. On dispose d'abord

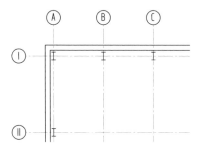

Ill. 46 : Dessin des axes

les chaînes de cotes générales à l'extérieur du bâtiment, comme sur les plans de projet. Les cotes de détail sont ensuite ajoutées à l'intérieur du plan ou de la coupe.

Sur les dessins d'exécution, la désignation des pièces est bien plus complète que sur les dessins de projet. Outre le numéro et l'affectation, on y trouve des indications sur

Désignation des pièces

— la surface en mètres carrés
— le métrage linéaire des murs, qui sert par exemple à mesurer les plinthes
— la hauteur de jour, qui avec le métrage linéaire permet de calculer la surface des murs, par exemple pour les travaux de peinture.

■ **Astuce:** Lors de la cotation, le dessinateur devrait se mettre à la place de l'entrepreneur chargé de l'exécution. Il faut se demander si chaque porte doit être cotée par rapport à un mur ou si une ligne de cote continue ne facilite pas le métré et l'exécution des travaux. Si, par exemple, le bord extérieur d'une porte doit être à fleur de l'embrasure, il n'est pas opportun de donner la cote de l'axe médian de la porte. Il convient en outre d'éviter autant que possible les cotations en double, qui compliquent le travail en cas de modification, et parce que les lignes de cotes doubles risquent d'échapper à l'attention et de provoquer ainsi des erreurs.

Il est en général judicieux d'identifier aussi les sols, les murs et les plafonds. Comme il n'est le plus souvent pas possible de tout faire figurer à l'intérieur d'une pièce, on peut donner la liste des éléments construits sur le cartouche du plan > voir chap. Présentation des Plans et les rappeler par des abréviations dans les différentes pièces (par exemple M1, M2 pour les murs, etc.).

Dessins d'exécution

Contenu des plans d'exécution

Les plans d'exécution doivent contenir les éléments suivants :
— Indications sur la nature, les propriétés et les dimensions des éléments de construction
— Représentation différenciée des murs, des plafonds et des sols selon le matériau
— Représentation des niveaux d'étanchement et d'isolation
— Baies (portes et fenêtres) avec sens d'ouverture, hauteur d'ouverture et hauteur d'allège
— Escaliers et rampes avec la ligne de foulée, indications sur le nombre de marches et leurs proportions, leur éventuel nez
— Propriétés des éléments de construction, protection contre le feu et contre le bruit
— Joints constructifs (joints d'expansion, changement de revêtement)
— Réservations dans les murs et les plafonds, entailles, conduits, etc.
— Installations techniques, canaux, cheminées, canalisations enterrées, drainages, etc.
— Équipements fixes et mobilier, installations sanitaires et de cuisine
— Toutes les cotes des éléments de construction nécessaires à la bonne exécution (tous les éléments en saillie ou en retrait doivent être cotés)
— Toutes les cotes nécessaires au calcul des surfaces et des quantités de matériaux
— Désignation des pièces (voir ci-dessus)
— Niveaux par rapport au zéro de référence, de manière à définir sans équivoque la hauteur des étages
— Renvois aux détails

Contenu des élévations et des coupes

Les élévations et les coupes doivent contenir les indications suivantes :
 Hauteur des étages, hauteurs de jour, vides de maçonnerie
— Cotes de hauteur pour les sols bruts et finis, les fondations, les arêtes de toit, etc.

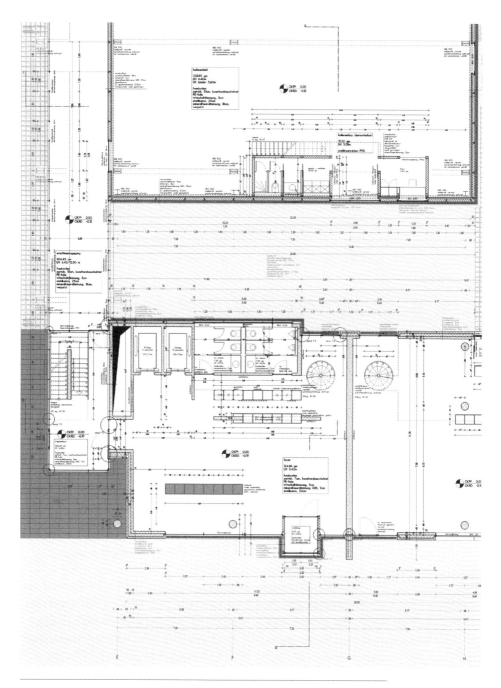

Ill. 47 : Extrait d'un dossier de plans d'exécution au 1:50 (travail d'étudiant)

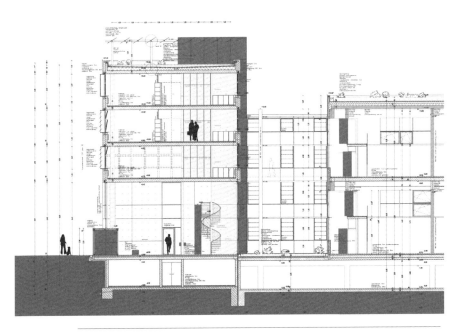

III. 48 : Détail d'une élévation au 1:50 (travail d'étudiant)

— Construction des sols et du toit
— Représentation du terrain existant et des aménagements de surface prévus
— Fenêtres et portes avec représentation graphique des divisions et du mode d'ouverture
— Gouttières, descentes d'eau de pluie, cheminées, construction du toit
— Faux plafonds, murs porteurs et fondations en traits mixtes
— Tracé des excavations
— Éléments constructifs des plafonds, du toit et des sols
— Si nécessaire, les différentes qualités de verre (pour les élévations).

Coupe de façade

Pour pouvoir représenter l'ensemble d'une façade dans tous ses détails sans devoir en extraire des éléments, il peut être judicieux d'en établir une coupe. On obtient ainsi tout le développement vertical en coupe, en élévation intérieure et en élévation extérieure, complété si nécessaire avec des extraits de plan indiquant les raccordements et les relations de hauteur entre l'espace intérieur et la façade.

III. 49 : Exemple de coupe de façade au 1:20 (travail d'étudiant)

Plans de pose pour les corps d'état

Les plans de pose sont des dessins établis spécialement pour la pose de certains éléments de construction, comme par exemple :

— Éléments préfabriqués en béton armé
— Éléments en béton armé
— Poutres de bois et charpentes
— Représentation des panneaux de chape (avec les joints d'expansion et les passages)
— Pierre de taille (avec le schéma de pose, les surfaces de coupe et les joints d'expansion)
— Carrelages (avec le schéma de pose et les joints d'expansion)
— Plafonds suspendus (schéma de pose, éléments incorporés, surfaces à effet acoustique, etc.)
— Planchers doubles et planchers à vide sanitaire (schéma de pose, éléments incorporés sous le sol)
— Revêtements de sols (schéma ou axes de pose, changements de revêtement, etc.).

Les plans de pose sont souvent établis sur la base des plans d'exécution existants, où sont reportées les indications correspondantes, par exemple au moyen de grilles, de couleurs ou de hachures. Ils sont conçus pour un corps de métier et très souvent dessinés avant l'appel d'offres, de manière à pouvoir être joints au dossier de concours.

Plans de détail

Les plans de détail servent à représenter tous les types de raccordements, de construction de systèmes et de transitions. Outre l'expression graphique des structures standard, les endroits importants sont ceux où plusieurs structures standard sont assemblées ou se chevauchent. Il n'est pas possible d'énoncer une règle générale sur les plans de détail à établir ; le choix est à faire en fonction de chaque projet, du niveau de détail recherché, des exigences de l'architecte et des questions posées par les entreprises mandataires. Certains domaines font en général l'objet de dessins de détail :

— Façades : raccordement et disposition systématique des fenêtres, transitions entre le terrain et les ouvertures des murs, raccordements entre toit et façade, angles, portes extérieures, balcons, garde-corps, protection contre l'ensoleillement et les reflets

- Soubassements : fondation, drainage, étanchéité, isolation par rapport au terrain
- Toiture : attique, gouttière, faîte, avant-toit, pignon, percements (cheminées, aérations, puits de lumière, fenêtres de toit, etc.)
- Escaliers : coupe du système, raccordements supérieur et inférieur, repos, balustrade, main courante
- Construction des plafonds : esquisse du système de tous les éléments de construction des plafonds, transition avec les différents sols, raccordement aux élévations, éléments incorporés, passages
- Portes : systèmes de portes et de châssis, encadrements d'acier, portes d'ascenseur, trappes de fermeture de conduits

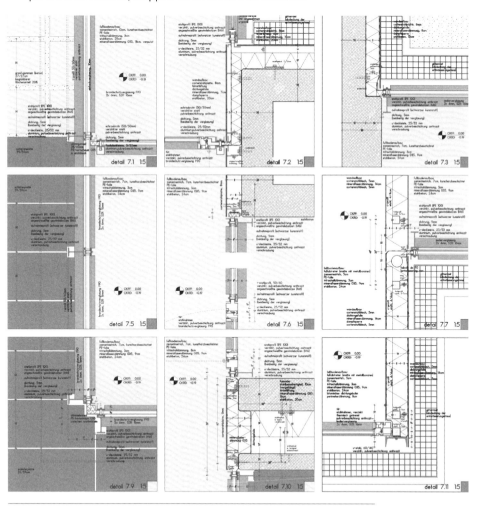

Ill. 50 : Exemples de plans de détail (travail d'étudiant)

— Construction à sec : raccordement des parois à la façade, gros
œuvre, sol et plafond, plafonds suspendus
— Toilettes, cuisines, meubles encastrés : détail de la construction,
raccordements, cloisons de toilettes, etc.

Plans d'installation de chantier

Les plans d'installation de chantier servent à la coordination du chantier et des entreprises qui y travaillent. Pour les bâtiments de faibles dimensions, il n'est en principe pas nécessaire de dresser un plan spécifique pour l'installation du chantier. Cependant, dès que la place disponible sur le bien-fonds devient exiguë, un plan d'installation de chantier permet d'éviter que les entreprises se gênent les unes les autres et de rationaliser l'espace libre. Le plan d'installation de chantier doit donc indiquer :

— Les places d'entreposage et de travail, les chemins de chantier
— La baraque de la direction des travaux
— Les abris et les installations sanitaires
— Les aires de travail autour du bâtiment
— L'excavation
— Les engins de levage (grues par exemple) avec leur rayon d'action
— Les clôtures de chantier, les accès, la signalisation, etc.
— Les aires réservées à certains travaux (par exemple pliage et coupe
pour la construction en béton)
— Si besoin est, les surfaces pour l'entreposage au sol
— L'alimentation en courant électrique et en eau, l'élimination des eaux
et des déchets, etc.

Dessins d'exécution des entreprises mandataires

Les entreprises mandataires établissent sur la base des plans d'exécution des dessins d'exécution qui sont soumis pour approbation aux architectes. Ces dessins d'exécution sont notamment établis par les entreprises travaillant dans les domaines suivants :

— Construction métallique et acier (fenêtres, ouvrages en acier, balustrades, etc.)
— Construction en bois et menuiserie (ouvrages en bois, charpentes,
fenêtres, etc.)
— Ventilation
— Ascenseur

Structure porteuse

Les concepteurs de la structure porteuse dessinent leur propres plans d'exécution, qui comprennent entre autres les éléments ayant un rôle statique. C'est avant tout le choix du matériau de construction qui dicte les plans à dessiner. Pour un bâtiment en béton armé, il faut établir des plans de coffrage et d'armature, pour les constructions en bois ou en acier, des plans des chevrons et de la structure en bois ou en acier.

Les plans de repérage contiennent des indications pour le calcul statique. Les différents éléments sont numérotés sur la base des dessins de projet ; ces numéros se retrouvent dans le calcul statique.

Plans d'exécution pour la structure porteuse

Plans de repérage
○
●

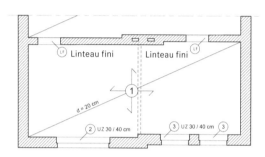

Linteau fini   Linteau fini

d = 20 cm

①

② UZ 30 / 40 cm   ③ UZ 30 / 40 cm   ③

Ill. 51 : Exemple de plan de repérage

○ **Remarque:** Les plans de la structure porteuse ne représentent généralement pas la vue de dessus du plancher inférieur, mais une vue de dessous, c'est-à-dire une vue du plafond. Ainsi le plan d'un deuxième étage établi par le concepteur de la structure porteuse montre les mêmes éléments coupés que les plans d'architecte, mais un sens d'observation différent. Pour se figurer la chose, il faut s'imaginer le sol vu dans un miroir et présentant tous les contours du plafond.

● **Exemple:** Une solive en béton armé, une fois calculée, est muni du chiffre 21. Sur le plan de repérage, la solive porte également le numéro 21, ce qui permet de voir à quelle solive le calcul statique se rapporte. Selon les cas, il est possible de donner un seul numéro à toutes les solives semblables.

Les plans de coffrage et d'armature sont établis pour les constructions en béton armé. Ces plans indiquent les éléments à coffrer (par exemple un plafond ou un mur en béton armé). Ils sont surtout importants si le projet contient des exigences particulières quant à l'aspect final de la surface (murs en béton apparent).

Les plans de coffrage montrent le plafond au-dessus de l'étage considéré et comportent les éléments suivants :

— axes, cotes, hauteurs
— éléments porteurs et éléments supportés
— réservations pour les éléments de la structures porteuse
— types et classes de résistance
— direction de contrainte

Les plans d'armature contiennent des indications sur les treillis et les barres à intégrer dans un élément de béton armé. Le treillis est en général figuré sous la forme d'une surface rectangulaire à traits diagonaux, avec indication du type de treillis. Les plans d'armature doivent en outre représenter les éléments suivants :

— Types d'acier
— Nombre, diamètre, forme et position des barres et des soudures
— Classes de résistance du béton, revêtement de béton
— Percements et constructions particulières
— Liste précise des éléments d'aciers ou des pièces de la construction, en complément au dessin

Les plans de constructions en bois montrent l'emplacement et les dimensions précises des différents éléments de bois (poutres, poteaux, pannes, etc.). On donne le plus souvent des axes aux cotes et on indique le détail des points de raccordement. Si, par exemple, le projet prévoit un toit incliné en bois, un plan spécial doit être établi pour indiquer la position et les dimensions des pannes et des chevrons.

○ **Remarque:** Pour les constructions en bois et les plans de chevrons, voir dans la même collection le volume de Tanja Brotrück, « Construction de toitures », Éditions Birkhäuser, Bâle 2007.

Technique du bâtiment

Des plans spécifiques sont par ailleurs établis pour les équipements ménagers. Ils le sont en fonction des corps de métier :

— Chauffage
— Alimentation en eau et évacuation des eaux usées
— Ventilation
— Électricité
— Alarmes et détection incendie
— Réseau informatique
— Ascenseurs
— etc.

Ces plans définissent non seulement les locaux techniques (local de raccordement électrique, chaufferie, etc.), mais aussi et surtout le tracé des canalisations et des conduites et les percements. On établit souvent un plan des ouvertures et des entailles dans le gros œuvre afin d'en faciliter l'insertion dans les plans architecturaux.

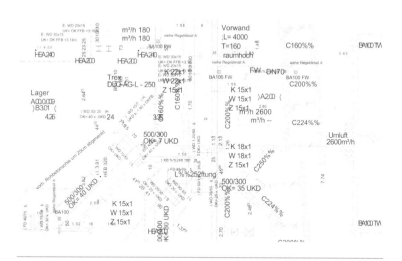

Ill. 52 : Détail d'un plan d'exécution pour les domaines chauffage, ventilation et sanitaire

Présentation des Plans

Si le dessin est remis sur papier, il convient d'en étudier le format en fonction des possibilités de reproduction, puis de le munir d'un cartouche.

AGENCEMENT DES PLANS

Surface de dessin

Une fois connues les dimensions du bâtiment ou de la partie de bâtiment à représenter et l'échelle, il est possible de calculer la surface de papier nécessaire. Pour ce faire, on ajoute aux dimensions hors tout du bâtiment une marge suffisante pour les cotations, puis on calcule la surface de papier en fonction de l'échelle. Il faut en outre prévoir un cartouche (voir ci-dessous) et, le cas échéant, un cadre tenant compte des bords de coupe.

Choix du format

Dans les dossiers de présentation (concours, travaux d'étudiants), tous les formats sont possibles et le rapport entre longueur et largeur est sans importance. Une rangée étroite de bâtiments, par exemple, peut être représentée sur un papier de proportions analogues qui renforcera l'effet de la forme du bâtiment.

Pour les dessins de construction, il est plus judicieux d'utiliser un format courant (par exemple DIN A-x), facile à reproduire. Les dessins d'exécution exigent un grand format. Pour les dessins de détail, le plus simple est souvent d'adopter des formats pouvant être photocopiés, par exemple A3. > voir chap. Outils et Principes de Représentation

Échelles différentes

Un plan peut comporter des dessins à des échelles différentes. Ce peut être le cas, par exemple, si la coupe d'une façade est complétée par des coupes de détail de certains raccordements. Il faut alors que les écritures permettent une reconnaissance sans équivoque des différentes échelles.

CARTOUCHE

Chaque plan comporte un cartouche indiquant le projet dont il s'agit et ce qu'il représente. Ce cartouche se place d'habitude dans l'angle inférieur droit du plan. Il diffère selon qu'il s'agit de dessins de présentation ou de construction.

Cartouche des plans de présentation

Si des plans font partie d'un dossier de présentation, leur cartouche doit être adapté à ce but et être intégré dans le graphisme de l'ensemble. Le cartouche doit comprendre, outre le nom et l'auteur du projet, la dénomination du plan (par exemple rez-de-chaussée) et son échelle. Il est

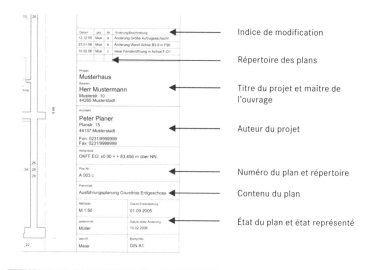

Ill. 53 : Exemple de cartouche

possible d'y ajouter des pictogrammes, des esquisses explicatives ou une flèche indiquant le nord.

Pour les projets réalisés durant les études, on indique le nom et le numéro d'immatriculation de l'étudiant, le titre du cours ou le nom du professeur. Dans les dossiers de concours, les plans ne doivent comporter ni nom ni identification. On inscrit d'ordinaire un numéro de code en un endroit bien défini du plan. Ce numéro est glissé dans une enveloppe fermée jointe au dossier du concurrent. L'enveloppe n'est ouverte qu'au terme de l'évaluation des projets de concours, et c'est alors seulement que l'identité des auteurs est révélée.

Le cartouche des plans de construction indique d'abord le maître de l'ouvrage, l'auteur du projet, l'auteur du plan et l'échelle. Ces éléments doivent être complétés par la mention de l'état du plan, c'est-à-dire la date de son établissement ou de sa mise à jour. Comme le processus d'élaboration des plans et de construction implique des modifications constantes et l'établissement de nouveaux documents pour les différents domaines techniques, il est indispensable d'indiquer à quelle date se réfère l'état du plan, le mieux étant de faire figurer la date de l'établissement et de la dernière mise à jour. Il peut aussi être utile de tenir une liste des modifications apportées aux plans. Les plans de demande de permis de construire sont en général numérotés individuellement. Pour simplifier, il est possible d'adopter un système de numérotation qui intègre la

Cartouche des plans de construction

succession des mises à jour : par exemple plan E34d pour la quatrième mise à jour du plan d'exécution n° 34. Le type de numérotation est libre, mais on simplifie la gestion des plans en définissant au début du projet une systématique, de concert avec toutes les personnes intéressées.

ÉDITION DES PLANS

Il est aujourd'hui rare que les plans soient encore exécutés à la main et non à l'aide d'un programme de DAO. L'informatisation des données a rendu plus aisées la reproduction et l'édition des plans.

Impression par traceur

Les fichiers DAO sont édités sur des traceurs, ou sur des imprimantes courantes pour les petits formats. Les traceurs sont des imprimantes de grand format (A1 ou A0) sur lesquelles les plans sont imprimés en rouleau. La largeur du rouleau est en principe de 61,5 cm pour le format A1 et 91,5 cm pour A0. La plupart des programmes de DAO permettent d'introduire des dimensions spécifiques pour chaque plan ; on peut ainsi imprimer n'importe quel format de plan qui tient dans la largeur du rouleau.

Copies

Pour la reproduction des plans sur papier, on peut se servir de copieurs de grand format, qui ont la plupart du temps les mêmes largeurs de rouleau que les traceurs. Les copies en couleur de plans de grand format sont habituellement très chères et il est plus avantageux d'éditer plusieurs tirages sur le traceur. Pour les dessins de détail, il est judicieux d'adopter un format permettant des photocopies courantes.

■ **Astuce:** Certains centres de reprographie possèdent des plieuses, très utiles pour les grandes quantités. Pour le pliage manuel, le mieux est de se munir d'une feuille de format A4 et d'une règle. On commence par plier le côté gauche du plan vers le haut, sur une largeur de feuille A4. On se sert de la règle pour bien marquer le pli. Puis on plie le côté droit sur une largeur d'environ 19 cm vers l'arrière. Les autres plis sont marqués tous les 19 cm, jusqu'à la dernière largeur, qui est pliée au milieu si nécessaire. Ensuite, la bande ainsi formée est pliée selon la longueur du format A4, vers l'arrière (plusieurs fois si nécessaire). L'angle intérieur est rabattu vers l'intérieur pour éviter que cette partie ne soit perforée (voir ill. ci-contre). Si l'on utilise régulièrement un cartouche et un cadre de plan dans un programme de DAO, on peut introduire des repères de pliage qui évitent les mesures.

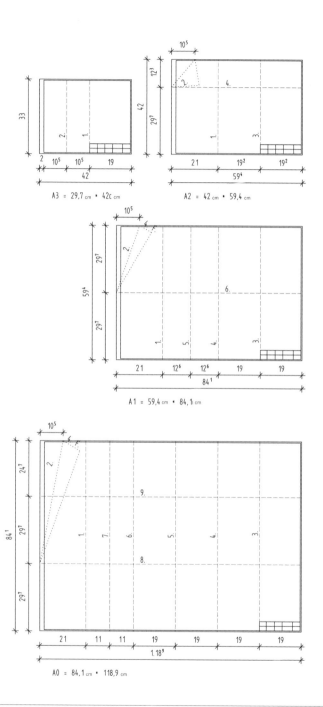

A3 = 29,7 cm • 42c cm

A2 = 42 cm • 59,4 cm

A1 = 59,4 cm • 84,1 cm

A0 = 84,1 cm • 118,9 cm

III. 54 : Pliage des plans

Les dessins à la main sur calque peuvent aussi être reproduits par héliographie. Le calque est posé sur le papier héliographique (ou diazo), puis les deux couches sont exposées dans la machine à une lumière ultraviolette. Les papiers héliographiques existent en plusieurs couleurs (noir, rouge, bleu).

Ce procédé a été presque entièrement éliminé par le DAO, mais il reste le moyen le plus avantageux de reproduction des dessins exécutés à la main.

Très souvent, les plans ne sont pas remis dans leur grandeur originale, mais pliés au format A4. Lors du pliage, il est important de s'assurer que le cartouche en bas à droite reste visible une fois le plan plié. De plus, un plan doit pouvoir être déplié sans être sorti d'un classeur : la perforation ne doit donc toucher que la partie inférieure de la marge de gauche.

Annexes

QUELQUES ABRÉVIATIONS COURANTES

B.A.	béton armé
Ch.	chambre
DAO	dessin assisté par ordinateur
E.C.	eaux claires
E.U.	eaux usées
N.B.	niveau brut
N.F.	niveau fini
N.I.	niveau inférieur
N.S.	niveau supérieur
R.D.C.	rez-de-chaussée
S.D.B.	salle de bains
T.N.	terrain naturel
T.S.	treillis soudé
V.S.	vide sanitaire

SIGNES CONVENTIONNELS

Tab. 4 : Signes conventionnels pour les équipements sanitaires

Désignation	Signe conventionnel
lavabo	
évier	
W-C avec réservoir de chasse	
W-C sans réservoir de chasse	
bidet	
urinoir	
douche	
baignoire	
lave-linge	
sèche-linge	
baignoire d'angle	

Tab. 5 : Signes conventionnels pour les agencements de cuisines

Désignation	Signe conventionnel
armoire basse	
armoire haute	
armoire mixte	
évier avec égouttoir	
plaque à gaz	
plaque électrique	
plaque avec four	
four encastré	
plan de travail	
réfrigérateur	
congélateur	
lave-vaisselle	
four à micro-ondes	
hotte aspirante	
chaise	
table	

Tab. 6 : Signes conventionnels pour les meubles

Désignation	Signe conventionnel
armoire	
fauteuil	
canapé	
table	
chaise	
piano à queue	
piano droit	
bureau	
penderie	
lit simple	
lit simple avec table de nuit	
lit double	
lit double avec table de nuit	

NORMES

Le dessin technique est dans une large mesure uniformisé au niveau international. Beaucoup d'éléments sont par conséquent régis par les normes ISO, reconnues dans presque tous les pays. Le tableau ci-dessous énumère les normes ISO applicables au domaine du dessin technique.

Tab. 7 : Normes ISO pour le dessin technique

Désignation des normes ISO	
ISO 128	Dessins techniques – Principes généraux de représentation
ISO 216	Papiers d'écriture et certaines catégories d'imprimés – Formats finis
ISO 2594	Dessin de bâtiment – Méthodes de projection
ISO 3766	Dessins de construction – Représentation simplifiée des armatures de béton
ISO 4067	Dessins de bâtiment et de génie civil – Installations
ISO 4157	Dessins de bâtiment – Systèmes de désignation
ISO 5455	Dessins techniques – Échelles
ISO 5456	Dessins techniques – Méthodes de projection
ISO 6284	Dessins de génie civil – Indication des écarts limites
ISO 7518	Dessins de construction – Représentation simplifiée de démolition et de reconstruction
ISO 7519	Dessins de construction – Principes généraux de présentation pour des dessins d'ensemble et d'assemblage
ISO 8048	Dessins techniques – Dessins de construction – Représentation des élévations, des sections et des coupes
ISO 8560	Dessins techniques – Dessins de construction – Representation des dimensions, lignes et quadrillages modulaires
ISO 9431	Dessins de construction – Zones réservées au dessin et au texte et aux cartouches d'inscription sur les feuilles de dessin
ISO 10209	Documentation technique de produit - Vocabulaire
ISO 11091	Dessins de construction – Pratique en matière de dessins de paysage

Il existe en outre quelques normes valables en Suisse (normes SIA).

Tab. 8: Normes SIA valables en Suisse, en complément aux normes ISO

Désignation des normes SIA	
SIA 400	Élaboration des dossiers de plans dans le domaine du bâtiment
SIA 410	Désignation des installations du bâtiment – Signes conventionnels; Désignation des installations du bâtiment – Plans, installations en place, évidements

LES AUTEURS

Bert Bielefeld, Prof. Dr ing. arch., chaire d'économie et de management de la construction à l'Université de Siegen, associé du bureau d'études bertbielefeld&partner architekten ingenieure

Isabella Skiba, dipl. ing. arch., associée du bureau d'études bertbielefeld&partner architekten ingenieure

Directeur de collection
Bert Bielefeld

Conception éditoriale
Bert Bielefeld, Annette Gref

Mise en page et couverture
Andreas Hidber

Traduction de l'allemand
Laurent Auberson

Illustrations 48–51 : Maike Schrader, toutes les autres sont des auteurs.

Information bibliographique de la Deutsche Nationalbibliothek
La Deutsche Nationalbibliothek a répertorié cette publication dans la Deutsche National-bibliografie ; les données bibliographiques détaillées peuvent être consultées sur Internet à l'adresse http://dnb.d-nb.de.

Imprimé sur papier sans acide, composé de tissus cellulaires blanchis sans chlore. TCF ∞

Imprimé en Allemagne
ISBN 978-3-0346-0678-3

Ce livre est aussi paru en version allemande (ISBN 978-3-0346-0676-9) et anglaise (ISBN 978-3-0346-1326-2).

Edition corrigée et complétée
© 2011 Birkhäuser Verlag GmbH, Bâle
Case postale 44, 4009 Bâle, Suisse
Membre du groupe d'édition De Gruyter,
Berlin/Boston

9 8 7 6 5 4 3

www.birkhauser.com